電気機関車をメインテーマとした2023年のJAM. モデラー出展では, しなのマイクロ〜マイクロエースで一貫して製品づくりに活躍し, 2022年2月に逝去された星野 徹さんを偲んで, 有志による競作が披露された

第22回 JAM
国際鉄道模型コンベンション
公式記録集

国際鉄道模型コンベンション実行委員会

黄昏ちゃん

JAMコンベンション
オリジナルキャラクター
JAMっ娘

イラスト：choco　　カシオちゃん　北斗ちゃん

第22回 国際鉄道模型コンベンションに寄せて

NPO法人日本鉄道模型の会 理事長　平井 憲太郎

2023年8月18日から20日に開かれた"第22回国際鉄道模型コンベンション". 35度を超える猛暑ではあったが, 好天に恵まれ多数の来場者を得て開催された.

　このコンベンションの第1回は23年前の2000年に西新宿のNSビルで開催された. それまでも鉄道模型の大規模なイベントは, 銀座松屋のNゲージショーを始めいくつも開催されていたが, いずれも鉄道模型メーカー, あるいは業界団体の主催で開催されたものだった.

　そんな中, もっとユーザーが主体的にかかわる鉄道模型イベントを作りたい, という思いからスタートしたのが, この"国際鉄道模型コンベンション"だった. そのためメーカーとユーザーが対等に関わり合う実行委員会方式でスタートし, 2回目以降はその委員会をNPO法人に改組して, コンベンションの主催者となった. 併せて会場は現在の東京ビッグサイトになった.

　自分たちの作った模型を多くの人に見てもらいたい, という願望はほとんどのモデラーが持っているもの. それをかなえるために模型メーカーに出展スペースを買っていただいて自社製品の宣伝をしてもらい, 一般ユーザーには割安のコストで自分の作品を展示して貰うというモデルでスタートした.

　それまで個別で運転会を開いていたグループに声を掛けて出展してもらったため, 当初は規模の大きい鉄道模型クラブが主体となっていたが, 3回あたりから個人や数名のグループでの出展を受け付けるようになり, さらにこの部門に"モデラーズ・パフォーマンス"という名を付け, "自分の作ったものを見てもらう"という行為の大切さを強調するようにした. 以上でこのコンベンションの現在の形が出来上がった.

　22回の開催を重ねて, 作品を見てもらってお互いに刺激し合い, 模型への意欲を高めていく. そして鉄道模型という趣味の奥深さを一般の人たちに伝え, 仲間を増やす. このようにコンベンションの目的は達成されつつある. 第16回以降の開催を引き受けてくださった井門コーポレーションを中心とした実行委員会が, この趣旨を引き継いで, さらに素晴らしいコンベンションとしてくださったことに, 深甚なる感謝をささげたい.

「第22回 国際鉄道模型コンベンション」

2023年8月18日（金）・19日（土）・20日（日）の3日間，東京ビッグサイト東1ホールで開催されました『第22回国際鉄道模型コンベンション』では，全国各地よりたくさんの方々にご来場いただき，誠にありがとうございました．回を重ねるごとにお客様も増え，24,442名の方々にご来場いただいたことは感謝の念に堪えません．心より御礼申し上げます．

　今回は『電気機関車』をテーマに，モデラー出展69団体，企業出展47社，レールマーケットには30社と，過去最高の出展規模で開催することが出来ました．また特設ステージでは講演，トーク，ライヴなど13テーマのイベントを催し，それぞれ大いに盛り上がりました．

　それと並行して，上階の部屋では技術・センスの卓越したモデラーや実物の専門家の方々を講師に迎えて，バラエティ豊かな90分間のクリニック（セミナー）を3つの教室で計24講座開催しました．これらのクリ

ご来場ありがとうございました！

ニックでは質疑応答も盛んに行われ，受講のお客様に好評を得ることが出来ました．

　ここに熱く燃えた3日間を特集した "JAM公式記録集" を，機芸出版社より今年も発売することになりました．会場に出向かれた方や参加された方々には思い出の一助となれればと思います．

　2024年の『第23回国際鉄道模型コンベンション』は "特急" をテーマに，8月16日（金）・17日（土）・18日（日）の3日間，同じく東京ビッグサイト東1ホールで開催いたします．

　私ども国際鉄道模型コンベンションの実行委員は，ご来場のお客様，出展参加いただくモデラーの方々や企業様のニーズや期待に応えるべく，さらなる研鑽を重ねてまいります．2024年夏も同会場にてお越しを心よりお待ちしております．ありがとうございました．

国際鉄道模型コンベンション　実行委員長　池﨑 清

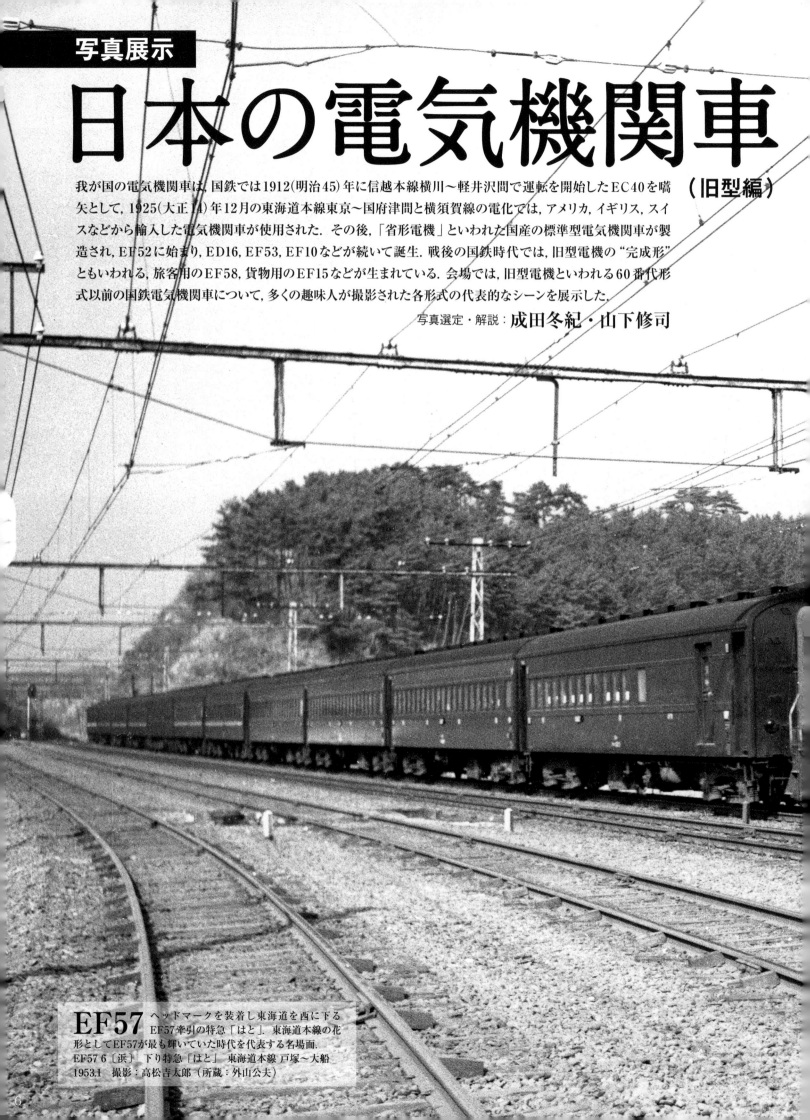

日本の電気機関車（旧型編）

我が国の電気機関車は, 国鉄では1912(明治45)年に信越本線横川〜軽井沢間で運転を開始したEC40を嚆矢として, 1925(大正14)年12月の東海道本線東京〜国府津間と横須賀線の電化では, アメリカ, イギリス, スイスなどから輸入した電気機関車が使用された. その後, 「省形電機」といわれた国産の標準型電気機関車が製造され, EF52に始まり, ED16, EF53, EF10などが続いて誕生. 戦後の国鉄時代では, 旧型電機の"完成形"ともいわれる, 旅客用のEF58, 貨物用のEF15などが生まれている. 会場では, 旧型電機といわれる60番代形式以前の国鉄電気機関車について, 多くの趣味人が撮影された各形式の代表的なシーンを展示した.

写真選定・解説：**成田冬紀・山下修司**

EF57 ヘッドマークを装着し東海道を西に下るEF57牽引の特急「はと」. 東海道本線の花形としてEF57が最も輝いていた時代を代表する名場面.
EF57 6〔浜〕下り特急「はと」東海道本線 戸塚〜大船
1953.1 撮影：高松吉太郎（所蔵：外山公夫）

EF58

東海道本線の撮影名所「白糸川橋梁」を渡る青大将
編成の特急「つばめ」．青大将塗装のEF58が先頭に
立つ姿はEF58の黄金時代を象徴する光景となった．
EF58 63〔東〕　下り特急「つばめ」　東海道本線 根府川～真鶴
1958.1.3　撮影：佐竹保雄

ED16
青梅線では1931（昭和6）年生まれの古豪ED16が，石灰石を運搬する専用列車の牽引に活躍した．
ED16 4〔立〕
下り貨物列車　青梅線 古里〜鳩ノ巣
1976.2　撮影：外山公夫

ED18
ED17と初代ED18を軽軸重化した2代目ED18は主に飯田線で運用され，晩年は伊那松島区に配置され飯田〜辰野間で活躍した．
ED18 3〔伊〕
下り貨物列車　飯田線 田切〜伊那福岡
1974.5.25　撮影：成田冬紀

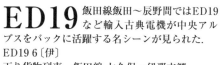

ED19
飯田線飯田〜辰野間ではED19など輸入古典電機が中央アルプスをバックに活躍する名シーンが見られた．
ED19 6〔伊〕
下り貨物列車　飯田線 七久保〜伊那本郷
1972.12.26　撮影：外山公夫

ED17
1931（昭和6）年に中央本線の新宿～甲府間が電化. 東海道本線より移ったイギリス製デッカーED17が重連で貨物列車を牽引した.
ED17 11〔甲〕+ED17 1〔甲〕 下り貨物列車 中央本線 梁川～鳥沢
1954.5.2 撮影：伊藤威信

EF14
甲府盆地のぶどう畑を行くEF14 1〔甲〕牽引の中央本線上り列車.
EF54を貨物用に改造したEF14は中央東線では旅客用として活躍した.
EF14 1〔甲〕 412レ 中央本線 塩山～勝沼
1958.4.29 撮影：久保 敏

EF53
東海道本線で急行列車の先頭に立つEF53. 省形電機の名機
と言われたEF53は, 東海道本線の花形として長い間活躍した.
EF53 16〔東〕　臨時急行列車　東海道本線 川崎付近
1954年　撮影：三森康亘（所蔵：外山公夫）

EF52
ヘッドマークを付けて南紀直通快速「黒潮（くろしお）」を牽引し東
和歌山（現：和歌山）に進入するEF52 .
EF52 2〔鳳〕　上り（白浜口行）快速「黒潮（くろしお）」 阪和線 東和歌山　1953.1.1
撮影：和田康之

EF55

東京駅を出発し有楽町を通過するEF55牽引の特急「富士」.
流線形のEF55は戦前の特急用花形電機であった.
EF55 3〔沼〕 下り特急「富士」 東海道本線 東京～新橋
1942年 撮影：齋藤 晃

EF50・EF58旧

御徒町で待機中の大型デッカーEF50．その横を旧型車体の
EF58が牽く高崎線上り快速「あかぎ」が駆け抜ける.
（左）EF58 6〔高二〕・（右）EF50 5〔東〕 （左）624レ 快速「あかぎ」 東北本線 御徒町
1956.11.16 撮影：田部井康修

EF13旧 残雪の山々をバックに戦時設計の凸型EF13が前補機となった
EF58牽引の旅客列車が上越国境の峠に挑む.
EF13 12〔水〕+ EF58　712レ　上越線 越後中里
1955.4.10　撮影：田部井康修

EF11 電力回生ブレーキを装備し中央東線, 上越線で活躍したEF11は,
晩年は飯田町～八王子間や南武線の貨物列車を牽引した.
EF11 2〔八〕　下り貨物列車　南武線 矢野口～稲城長沼
1973.11.11　撮影：成田冬紀

EF56

半流形の丸い車体で颯爽と東海道本線を走るEF56牽引の普通列車. EF56は
普通列車を主体に1958（昭和33）年まで東海道本線で活躍を続けた.

EF56 4〔沼〕 上り普通列車　東海道本線 三島～函南

1957.1.9　撮影：佐竹保雄

EF12・EF10

武蔵野南線開業前の山手貨物線では旧型電機の牽く貨物列車が日夜行き交い,
EF10の牽く列車をEF12が追い抜く場面も見られた.

EF12 9〔新〕・EF10 5〔新〕 南行貨物列車　山手貨物線 渋谷

1974.12.25　撮影：成田冬紀

EF15
上越国境へと向かうEF15トップナンバー牽引の上越線下り貨物列車. 上越線では奥羽本
線福島～米沢間から転じたEF16がEF15に復元されて活躍する姿が見られた.
EF15 1〔長岡〕 下り貨物列車 上越線 上牧～水上
1978.9.23 撮影：成田冬紀

EF16
雪の上越国境を越えて水上へと下るEF16+EF15牽引の上り貨物列車.
水上区には峠のシェルパEF16が配置され, 水上～石打間の補機を務めた.
EF16 23〔水〕+EF15 143〔長岡〕 上り貨物列車 上越線 湯檜曽～水上
1980.2.17 撮影：成田冬紀

日本の電気機関車

EH10

霊峰富士をバックにマンモス電機
EH10が東海道を上る. 2車体永久連結のEH形マンモス電機は, 東海道本線米原電化で関ヶ原越えに備えて投入された.
EH10 61〔吹二〕 上り貨物列車 東海道本線 三島～函南
1979.1.1 撮影：矢野登志樹

EF18

旧型EF58の車体を持ったEF18は, 2軸先台車を備えたデッキ付きの箱型車体の姿で, わずか3輌の少数機ながら存在感が溢れていた.
EF18 33〔浜〕 下り貨物列車 東海道本線 島田～金谷
1976.7.10 撮影：成田冬紀

EF59

「西の箱根越え」と言われた山陽本線瀬野～八本松間では, 省形電機の名機EF53を補機用に改造したEF59が重量貨物列車を重連で後押しした.
EF59 1〔瀬〕＋EF59 13〔瀬〕 上り貨物列車後補機 山陽本線 瀬野～八本松
1977.3.20 撮影：成田冬紀

会場入口付近に21形式40枚のパネルを展示した

電気機関車の運転

宇田賢吉／赤城隼人

8月19日(土) 16：00〜13：30／特設ステージ

長年，電気機関車に乗務してきた宇田賢吉氏と赤城隼人氏．宇田氏いわく「電気機関車は杓子定規な機械で，メーターの示す通りにしか動いてくれません．蒸気機関車のような"勘"が入り込むような融通はききません」．そんな電機を乗りこなしてきたお二人に，運転の苦労談から国鉄時代の各形式の特性などに至るまで語っていただいた．平成・令和のJR機とは一味違った昭和の電気機関車の魅力に触れるまたとないステージトークだった．

赤城隼人氏　　　　　　宇田賢吉氏

■ 国鉄には運転免許証はなかった

赤城隼人氏が運転士の制服で登場．機関士の制服について簡単に説明した．

続いて宇田賢吉氏が自身の経歴を披露．

宇田氏は1940年広島県福山市生まれ．18歳で国鉄に奉職．蒸機の機関助士，電機の機関助士，蒸機の機関士，電機の機関士，電車運転士を経験した．指導を最後に退職．鉄道マン人生は42年間に及ぶ．その間乗務した距離は101万キロになる．

タイトルとして映し出されたのが瀬野に停車するEF58＋C62の電化前の練習運転列車．

「後補機が連結されていないので，2輌ともフルで勾配を登って行ったのでしょう」宇田氏が言えば，「EF58 145は変形の誘導ステップが付いている機ですね」と赤城氏．元乗務員二人の遣り取りが始まった．

EF60は10‰の勾配を1,200t牽いて50km/hで登ることができる　八本松ー瀬野　1976.1.17

宇田氏が「動力車操縦者運転免許証」を手に説明を行う．免許はページもので，種類は「甲種電気車」．昭和62年5月発行で，発行者が「中国運輸局長」．国鉄の頃には免許証はなく，JRの発足時に免許制度となったとのこと．

「鉄道省の頃は公務員ですから免許証なしで乗務していました．戦後，日本国有鉄道となった後もその流れが引き継がれ，免許証はありませんでした」と宇田氏．

"部内資格"という形で乗務できたそうだ．「JR

は民間の株式会社なので，免許証が必要ということで急遽，免許をもらいました」．

長年蒸機を運転してきた宇田氏は種類のところで「蒸気機関車」も併せて申請しようとしたが，あなたはもう蒸機を運転することがないのだから，事務費用の点からも申請の必要を認めないと却下されたとか．「私の免許に『蒸気機関車』の記載がないのが口惜しいです」と宇田氏．

■ 電気機関車の性能曲線について

在職中に自らが製作した「直流電気機関車 速度引張力曲線・客車貨車走行抵抗曲線」の解説を宇田氏が行う．

「まず，走行抵抗を説明します（グラフ参照）．貨車1,200t 10‰上り勾配，客車600t 25‰上り勾配，客車600t 20‰上り勾配，客車600t 10‰上り勾配の，4本の右上がりの線がありますが，これは条件を絞って四つの例にした走行抵抗の曲線です．この抵抗に打ち勝たないと前に進めません．速度が上がれば上がるほど，抵抗が増えますね」

「これに形式別の性能曲線を重ねます．例えばEF60を見ると，40km/hまでは引張力23tで，速度が上がれば引張力が減少するのがグラフから読み取れます」「グラフ上の走行抵抗の曲線『貨車1,200t 10‰上り勾配』との交点の速度目盛りは55km/hぐらいです．したがって，EF60は貨車1,200tを牽引して10‰の勾配を55km/hで上ることができるというわけです」

赤城氏は補足して「このころの貨車は2軸で平軸受ですから，現在のコンテナ車と比べると抵抗が大きいのです．模型で言うと，プレーン軸受とピボット軸受のような違いがあります」．

■ EF15・EF58は省形電機の完成形

写真を見ながら機関車の解説を行う．

EF53，EF55，EF56の順で映し出され（本誌6頁〜『日本の電気機関車 旧型編』参照），

「EF56はEF53に暖房用の暖房用ボイラー搭載したものですが，無理やり装置を載せたものですから，機器があちこちに押し込められて配置も変則的で大変窮屈でした．また，車体の角が丸くなっているしわ寄せで乗務員室が狭くなっています．EF57はEF56の出力増強型で，暖房用ボイ

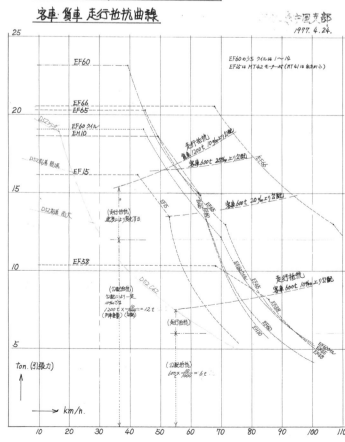

蒸気発生装置（SG）を搭載したEF58などでは冬季蒸気に包まれた光景を目にすることができた
「音戸2号」 岡山 1975-2-2

ラーを無理やり詰め込んだのもEF56と同様です」と乗務員の観点から宇田氏は語る.

続けて「EF58は私個人にとっても馴染みのある機関車で，よい機関車です. ボディが伸びたので，ボイラーを搭載しても余裕があり，機器も本来の配置になりました. 東海道本線全線電化に際してEF56やEF57では暖房用ボイラーの水と重油が東京〜大阪間は持たないと言われていました」

「EF15もEF58と並ぶ省形電機の完成形です. 新しい形式ごとにそれまでの乗務員の要望が反映され，より良くなっていきます. EF15は欠点のない機関車でした」と宇田氏が言えば，赤城氏も「乗務員の立場から言えば非常に乗り降りしやすい機関車でしたね. デッキから入った方が横からステップを登るよりずっと楽でした」と言う.「前にデッキがあるので踏切でダンプが止まっていても恐怖感があまりありません」と宇田氏.

「性能曲線を見ると『貨車1,200t 10‰上り勾配』でEF15は43km/hぐらいですから，関ヶ原の勾配区間は登れないことはないのですが，電化に際

した試験を行なうとモーターの温度上昇が限度を超えることが分かった. そのため出力増強したEH10の登場となりました. 関ヶ原の連続勾配を想定して設計されたEH10なら貨車1,200tを牽いて55km/hぐらいで登れます」「EH10の量産が進み，EF15は東海道本線の主力の座から降ります. 性能曲線のグラフではその後登場したEF60・EF65もEH10の性能をなぞっていることが分かります」と宇田氏.

さらに「トラック輸送の進展に対抗するため1967年に登場したのがEF66で，1,000tの貨物列車を牽いて平坦線を100km/hで走るという明確な目標の下に開発されました. 性能曲線のグラフを見ると，貨車1,200tを牽いて10‰上り勾配を70km/h以上で登ります. EF66はEF65とは用途が異なるので，後継機というわけではありません. 機関車は必要に応じて性能の異なる形式が製造されるのです」と宇田氏は語った.

■EF58は高速域での性能がよい

EF58はEF15のギヤ比を変更したもので，速度は出ても牽引力は低下していくが，重量の軽い客車列車ではEF60やEF65に劣らない性能で走る. さらに性能曲線を見ると80km/h台ではEF58の方がEF65を上回っていることが分かる.

「出力そのものはEF65の方がありますが，条件によっては性能が逆転するということです. EF65のブルートレインを運転しながら，この条件ならEF58の方が楽なのになあ，と思ったこともしばしばです」と宇田氏.

「高速域での加速はEF58の方が優れていますね. 意外や意外，高速域ではゴハチの方が使いやすかったということです」と赤城氏も語る.

EF65は新型で出力も大きいが，無条件でEF58を上回るというわけではないというのを二人は強調していた.

EF66もブルートレインを牽引していたが，これも適材適所とは言い難いそうだ.

赤城氏いわく，「EF66は力を持て余していましたね. ブルートレインが550t程度なので，2編成をつなげてちょうどよいぐらいです. EF66が旅客列車を牽くようになるとは思いもよらないことでした. しかし，EF66の横のラインが24系の線とぴったりの幅と高さということは，この機関車がブルートレインを牽引することを想定していたのではないかと思ったこともありました」.

EF58から暖房用の蒸気が漏れている写真を見て宇田氏は言う.

「蒸気機関車時代から，蒸気のバルブは必要以上に締めてはいけないと固く言われていました. 冷えて圧力がなくなったときに弁座が固着してしまうからです. 蒸気が少し漏れている場面を見ても，故障したり乗務員が手を抜いているわけではありません」

「EF56やEF57の暖房ボイラーは一般形ですが，EF58のSG(steam generator)は瞬間湯沸かし型なので蒸気を貯めることが出来ず，客車に送気しないときは捨てています. 火を消すと次の点火作業はデリケートな水量調整が要求されて手間がかかるからです. この蒸気の噴出は無駄に見えて目を引いたことと思います」

赤城氏は「東京機関区で汐留から荷物列車を引っ張る時に，浜松町から田町の間でSGの蒸気を吹き上げて走るEF58をご覧になった方も多いと思いますが，あれは点火試験を行なってそのまま焚いちゃうんです. 蒸気は屋根に逃しておきます. 汐留で荷物客車に連結したらすぐに蒸気を送れる

EF15は関ヶ原越えの連続勾配における試験でモーター温度の上昇が許容限度を越え，東海道本線全線電化後の主力機にはなれなかった
原宿 1978.7.29

EH10は10‰の上り勾配を1,200t牽いて55km/hほどで走行が可能で，EF15に代わって東海道本線全線電化後の主力貨物機となった 真鶴−根府川 1978.3.11

列車事故で破損した20系が修繕される間「さくら」は10系で運用され，蒸気暖房が使用された　糸崎　1962.1.4　写真：宇田賢吉

国見峠を登るED71一次型重連　越河－貝田　1976.1.17

状態となっています．試験を行なった点火の確認ができていると機関助士としては精神的に楽ですね」と言う．

続けて「SGに火が点かないだけで，機関車交換をしたことがあります．汐留から長駆下関まで走る列車で，車掌も乗っているし郵政省の職員も乗っていますから，暖房が効かず寒い思いをさせてはいけませんから」と赤城氏．

■ 交流機は空転に強い

「私は蒸気機関車から電気機関車に移りましたから，蒸機と電機の比較論をよく訊かれます．電気機関車は窮屈な機械だというのが実感です．蒸気機関車は思うようにバルブで調節できますし，タイムラグもありません．蒸機は素直な機械でした．電気機関車で電流値をいくらに設定したいと思ってもなかなか言うことを聞いてくれないのです」と宇田氏．

電機は振動も少ないし，速度も出るし，乗務が確実に楽にはなったが，ただ，ちょっと扱いにくいのだそうだ．

「蒸気機関車は勘で操作する面もあったし，無理も効いたんですよね．電気機関車はあくまでもメーターの表示で判断するという杓子定規なところがあるということですよね」

寝台特急「さくら」の写真が映し出された．ヘッドマークを付けているEF58がSGの蒸気を噴いている．「この写真はインチキではありません．機関車の後ろにつらなる客車を見てください．ナハネ11ですね．所定では20系のところが10系になったのです．したがって蒸気暖房が必要になります」

「この日の乗務員は面食らったでしょうね．20系だから楽だと思っていたら，SGを使用してくれと言われてくさったと思います」

「ブルートレインが事故を起こして20系客車が修理のため工場に入ってしまったのです．寝台料金の割引がありました」

ED71重連の写真を見ながら話がさらに進む．

「私が運転した電機は直流機ですが，交流機の良さは東北の知人などから聞いていました．6軸が主力の直流区間に比べ，交流区間は小型の4軸が主流で，1輌で1,000 tの貨車を牽引していました．交流機は空転が少ないのです．直流機は動輪が6軸あります．空転するときはその全部が空転するわけではありません．最初に一番荷重の軽い軸が空転します．直流機の構造は厄介で，空転したモーターの回転力がさらに増えるのです．空転したらさらに馬力がかかるのですから空転は止まりませんよね．だからこれは乗務員がカバーしなければならない．そのまま放っておくわけにはいきません．ノッチを戻すと速度は落ちるし」と，宇田氏は運転の苦労を振り返る．さらに続けて，

「交流機は構造の違いで，1軸空転したら空転したモーターの回転力が下がるのです．だから放っておいても空転が止まる可能性が非常に大きいのです．交流区間の知り合いに聞くと，空転しても放っておくのだと言います．空転しては止まり，別の軸が空転して，また止まり，といった具合で，彼は機関車が踊ると表現していました．それでも全体としては加速していくので

す．交流機は我々直流区間の乗務員からすると夢のような機関車です」

EF81など交直流機は基本構造が直流機なので，空転については直流機と同じとのこと．

「EF81が交流電化区間で長距離運用についた例が多くありますが，交流機なら安心して乗っていられるのに，空転に気を遣わなくてはならないという感想を聞きました」

交直機は直流機と同じ構造なので，勾配線では空転のおそれがつきまとう　白沢－陣馬　2010.6.19

■ 抵抗と牽引力

抵抗と牽引力の関係の図を投影して宇田氏は解説する．

「貨車50輌1,200 tで10‰の上り勾配，曲線R400を想定した図です．幹線の平均的な荷重です．純走行抵抗が1,980kg，曲線抵抗719 kg，勾配抵抗11,997kg．勾配抵抗は桁違いに高いのです．これが走るための抵抗で計14,696kg．それに加えて起動抵抗が6,417kg．これは上り坂で万一止まった場合にかかる抵抗です．これを含めると21,113kgとなります」

では，引張力はどうかというと，

「例はD52ですが，粘着牽引力が16,252kg，これは動輪とレールの摩擦力で発揮できる牽引力です．シリンダー牽引力19,383kg．これはシリンダーが動輪を回す牽引力です．シリンダー牽引力が上回っているのですから，無闇に力を入れると空転します．これは砂撒きなどの方法で対処します．ここには書かれていませんが，電機のEF60

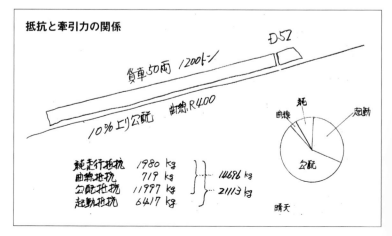

抵抗と牽引力の関係

貨車50両 1200トン
10%上り勾配　曲線R400
D52

純走行抵抗	1980 kg
曲線抵抗	719 kg
勾配抵抗	11997 kg
起動抵抗	6417 kg

14696 kg
21113 kg

曲線　粍　起動
勾配
晴天

補機の回送では広島寄りの先頭がパンタを2基上げる．架線やパンタの摩耗などを考慮し他は1基のみ使用　瀬野－八本松　1975.3.9

本務機が40%，後補機が60%の割合で荷重分担する．瀬野八の勾配を登る列車のメインパワーは後ろのEF59なである　瀬野－八本松　1975.3.9

八本松手前で後補機EF61の走行解放を行なった181系上り「つばめ」．連結器カバーは広島で外し運転席に載せた　瀬野－八本松　1975.3.9　写真：宇田賢吉

の牽引力が24,000kg程度です．抵抗の合計値21,113kgを上回りますので，EF60は上り10‰の勾配で1,200tを牽引し楽々と発車ができます」

円グラフを見ると，勾配と起動抵抗が大きいということがよく分かる．

■ 山陽本線瀬野八越え

「線区によってさまざまな違いがありますが，電気機関車の運転は左手は気笛弁に置き，右手はノッチ刻みの輪を握るというのが機関士の基本姿勢です」と言う宇田氏に対し，赤城氏は「私が乗務していた頃の東京機関区では，ノッチをオフした段階ですが，左手は気笛弁と右手は自動ブレーキ弁に置くという姿勢で運転していました．ノッチで力行している時はノッチのハンドルを持ちます．力行中に何かあったら右手ではノッチをオフ，左手では自弁を非常位置にします」

岡山鉄道管理局と東京南鉄道管理局の違いの一つと言えよう．

瀬野八越えの写真を投影．

「瀬野八は22‰の勾配です．貨物列車でも他の線区でしたら補機が1輌で済むところですが，瀬野八は補機が2輌です．データ上では1,200tの場合でも補機は1輌で済むのです．ただ，停車した時に引き出しができない．起動抵抗ですね．止まった位置や天候などにも大きく左右されますし」

宇田氏は瀬野八の信号機の特徴を説明する．

「普通は進行と注意と停止の三つ現示ですね．タマが五つあるものもありますが，基本は三つで

す．閉塞区間に列車が入ると赤になり，次の区間に抜けると黄色に，さらに先の区間に入ると青になるのはご存じの通りです．ところが瀬野八の信号機で，注意の出ない信号機がありました．進行と停止しかないのです．列車が閉塞区間に入ると赤になるのは通常と同じですが，その次の閉塞区間に抜けても赤のまま，その先の区間に進んだ時に青になります．二つの閉塞が開いて進行現示が出るということです．その理由は無線機です」

瀬野－八本松間には4か所のトンネルがあるが，勾配の途中で列車が停車した場合，トンネルがあると無線機が使えない．無線が使えないと本務機と補機が協調して起動するのに支障がある．列車間隔を離してそういった箇所で信号によって停車しないよう配慮されているのだそうだ．

「業務無線では雑談が禁止されています．しかし，本務・補機とも乗務員は知り合い同士なのでついしゃべってしまい，叱られることもありました」と宇田氏．

後補機の走行解放の写真では，

「151系も瀬野八を単独で登ることはできるのですが，試運転をしてみたらモーターの温度上昇が限度を超えたのです．それでやむなく補機を付けることになりました」

「151系の場合，先頭車は自動連結器なので，補機連結には都合がよいのですが，連結に際して連結器カバーを外さなければならない．運転当初，東京の田町電車区から広島運転所に電話があり，どうして毎日毎日，連結器カバーを外してく

るんだという苦情を言われてしまいました（笑）」と宇田氏は振り返る．

「広島からすれば，初めから外して来て欲しいのですが，補機連結の話は田町電車区に伝わっていなかったらしい」

走行解放の際の解錠装置は，EF61・EF59はじめ，電化前はD52などにも取り付けられていた．開放テコを上げる小さなエアーシリンダーがそれだ．

瀬野八は片勾配のため，上り列車を押し上げた後補機は，補機の基地である瀬野まで回送される．貨物2列車の補機をまとめて四重連となることも多い．四重連では瀬野寄りの1輌を除く3輌が通常パンタグラフを片方下げる．

「瀬野よりの先頭の機関車がパンタを2基上げているのは，全力で走る可能性があるからです．後ろ3輌はフル運転しないので下げます．上げているとパンタの摩耗も架線の摩耗も増えますから，少しでもそれを減らそうと」

「EF58＋EF59での荷重分担は，本務40%，補機60%となります．瀬野八の勾配を登る列車のメインパワーは後ろのEF59なのです」

エピソードも交えた元電気機関車乗務員の話はさらに電車の加速曲線（グラフ）なども解説され，二人の乗務員によるトークは締め括られた．（了）

岡山鉄道管理局の基本運転姿勢　写真：宇田賢吉

本務機・補機の連絡は無線による　写真：宇田賢吉

国産Nゲージの パイオニア

関水金属の世界

2023年に発売された"夢空間"（1:80）はその美しい印刷と仕上がりから多くファンの賞賛を得た. 手前には同じくタンポ印刷の美しいD51特別塗装と"オリエントエクスプレス"（1:150）が見える

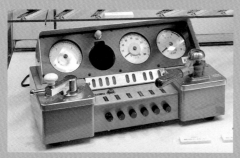

本格的な2ハンドル形運転台を金属プレスのボディとダイキャスト製のマスコン, 砲金とニス仕上げの木製グリップという構成で仕上げたESC-1コントローラー. 前回生産から久しいがいまだ人気のある商品だ

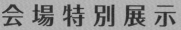

会場特別展示

CADによる設計がなされる前は写真のように製図台の一種であるドラフターが用いられていた. 小さな模型を細かく作り込むには一度大きく描く必要がある. 展示されているEF57は5倍で描かれていた

今回の特別展では, Nゲージ鉄道模型のパイオニアメーカーである関水金属・KATOの世界を"会社の成り立ち""ものづくりの精神""プロモーション""エポックメーキングな製品群""未来への展望"とコーナーを分けて, 実物のサンプルを含め, コンパクトな展示を行いました.

そのうちのいくつかをピックアップすると, 創業者である加藤祐治から始まった関水金属とNゲージの歴史, 工場で使用した金型制作のための放電加工用電極サンプル, 車体へ印刷するためのタンポと呼ばれる転写用部材, 2003年に運行されて話題を呼んだ"KATO TRAIN"のヘッドマーク, ECS-1やオリエントエクスプレスのような発売当時エポックメーキングだった製品の展示, 鶴ヶ島市に建設中の新工場の紹介など, 過去・現在・未来をつなぐKATOの特別企画展となりました.

今も昔も変わらないものづくり企業である関水金属のクラフトマンシップを肌で感じることができる特別展として, 多くのお客様にご来場いただけたことに御礼申し上げます.

（株式会社 関水金属/カトー）

今年のJAMテーマ"電気機関車"にあわせて同社のEF58（1:80/1:150）が一堂に会した

■創業期からNゲージの開発まで

文：鈴木 康浩

（『KATO Nゲージ生誕50周年記念誌』第4章P46-49を抜粋再編集）

●創業者 加藤祐治の生い立ち

関水金属（KATO）の創業者である加藤 祐治は1927年12月3日, 東京市本所区吾妻橋三丁目（現在の墨田区吾妻橋三丁目）に生まれた.

物心ついた頃から鉄道が好きだった祐治は生家の近くにある東武鉄道の業平橋駅で毎日のように汽車を眺めて育った.

●鉄道模型との出会い

祐治が尋常小学校に入学した1930年代には, 高価な舶来品に代わって国産の鉄道模型が姿を見せ始めていた. この頃に足繁く通った万世橋の鉄道博物館の付近には鉄道模型店が点在していたが, そのなかでとりわけ彼を魅了したのは, 神田須田町に店を構える川合模型製作所だった. 川合の鉄道模型は精密なスケールモデルとして評価が高かったが, 加藤にとっても玩具ではない本物の鉄道模型であると映ったという.

●加藤金属

1949年, 戦後の鉄道模型専門誌の草分けとなった『鉄道模型趣味』（TMS）に加藤金属の最初の広告が掲載された【図1】. それは, 型押し鍛造（ドロップフォージング）により作られた真鍮製の台車の広告だった. 加藤金属の金属彫刻技術を鉄道模型部品の生産に応用したのだ.

1950年に発売されたピボット軸受台車は, 車軸の転がり抵抗を減らした画期的な構造で【図2・3】, 天賞堂のレイアウト"オメガセントラル"を惰行で周回できた

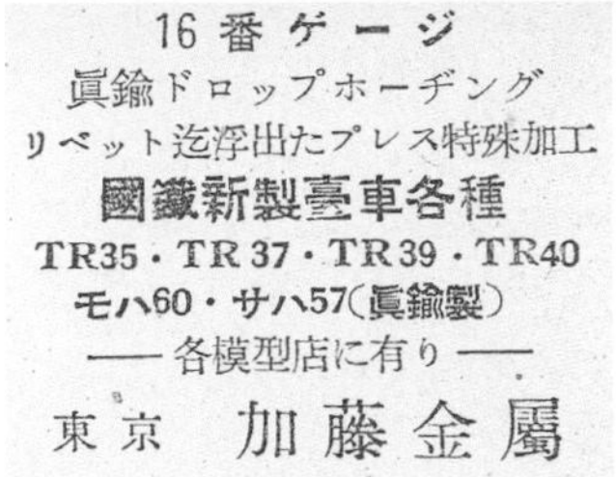

【図1】『鉄道模型趣味』1949年7月号（14号）に掲載された加藤金属の最初の広告　（協力：機芸出版社）

【図2】新開発のピボット軸受構造を模式図にした『鉄道模型趣味』1952年7月号（47号）広告　（協力：機芸出版社）

【図3】ピボット軸受台車の優秀さを知ってもらうため、型見本の有償配布も行われていた。おばけの絵がかわいい。『鉄道模型趣味』1951年8月号（35号）広告　（協力：機芸出版社）

【写真1】加藤金属が1950年頃に製造したHOスケールのベッテンドルフ台車。スプリングにより枕梁可動

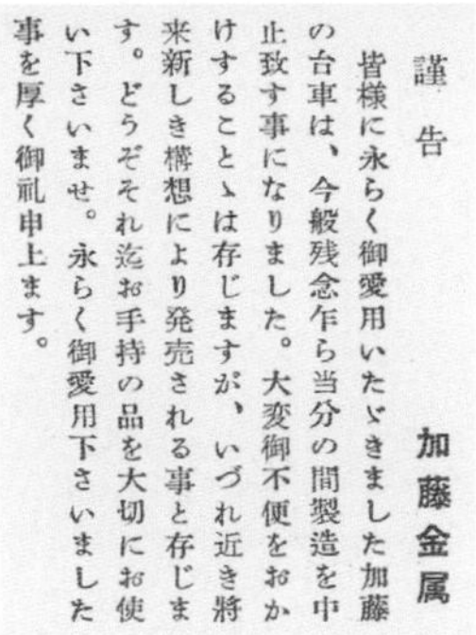

【図4】小売の中止を伝える『鉄道模型趣味』1952年11月号（51号）広告　（協力：機芸出版社）

という逸話が残されるなど、走行性能の良さが語り草となっている。

加藤金属の台車はきわめて優秀であり【写真1】、メーカーからの部品受注が増加したため、1952年末に小売販売を中止したが【図4】、加藤金属は国内外の鉄道模型メーカーに供給した部品を通して幾多の名モデルの誕生を支え続けた。

また祐治自身が米国人に向けた製品を手作りで製作したこともあった【写真2】。

●関水金属創業
1957年8月、祐治は東京都文京区関口水道町に新しく鉄道模型用の金属部品工場を起こし、地名に因んで社名を関水金属彫工舎と名付けた【写真3】。精密で立体的な彫刻技術の独自性が評価され、鉄道模型用の

ドロップ部品の製造を一手に引き受けた【写真4】。

●国産初のNゲージを発売
関水金属は1959年に現在の本社がある東京都新宿区西落合へ移転した。

重要な転機となったのは1963年頃、来日中の米国のインポーターから安価かつ小型な鉄道模型の需要とその将来性を知らされたことだった。当時、国内で主流を占めていたHOゲージより小さな鉄道模型であれば、それまで部品を供給してきた鉄道模型メーカーと市場で競合せずに済むという判断も働いた。

早速、試作に取り掛かり『鉄道模型趣味』主筆の山崎 喜陽氏を訪ねた。関水金属が最初に検討していたのはTTゲージ（縮尺

1：110・軌間12mm）であったが、欧米で急速な普及の兆しを見せていた新しい規格の9mmゲージを推す山崎の考えを受け容れ、9mmゲージ（Nゲージ）を開発する決断がなされた。

日本型の縮尺が1：150に決まり、本格的な設計が始まったのは1964年に入ってからのことだった。同年末発売の『鉄道模型趣味』に「1965年から始まる9mmゲージ」と題した広告を掲載してNゲージの発売を発表し【図5】、翌年1965年の秋から暮れにかけて国産初のNゲージ製品C50とオハ31を発売した。Nゲージ発売に際して、「KATO」の文字を図案にした関水金属の社章が定められた【図6】。

【写真2】1951年頃、加藤祐治がHOスケールで製作したALCO PA-1のブラスモデル
（模型所蔵：貴名 英一）

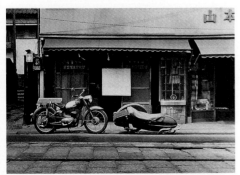

【写真3】東京都文京区関口水道町で創業した関水金属彫工舎の最初の社屋。木造二階建ての社屋手前（南側）に見えるのは都電15系統の軌道敷

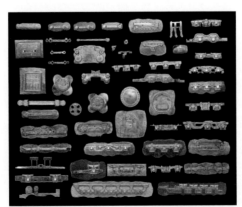

【写真4】昭和30年代、関水金属が各鉄道模型メーカー向けに型押し鍛造（ドロップフォージング）で製造した真鍮製部品の数々。周囲の薄板状のバリはプレス工程を経て取り除かれる前の段階のため

- 3 -

【写真5】2015年5月、50年の歳月を経て加藤祐治会長の掌に還った最初期のC50。半世紀前、この掌から日本のNゲージが産声をあげた

１９６５年から始まる９mmゲージ

●9mmゲージのスケールモデルは、これが世界最初の発売です。
●小さなスペースで、大型車輌の運転が楽しめる、それが9mmゲージの最大特徴です。
●縮尺は国鉄1／150を標準として設計いたしました

関 水 金 属
東京都新宿区西落合 2 - 448

【図5】新しい規格の鉄道模型の始まりを告げる『鉄道模型趣味』1965年1月号（199号）広告。当初は"9mmゲージ"と称された。日本型規格（1：150・9mm）の告知とともに、英文で欧米型（1：160）の発売も予告された　（協力：機芸出版社）

【図6】1965年に制定された関水金属の社章。工業デザイナーで、『鉄道ファン』初代編集長も務めた萩原 政男氏が図案を手掛けた

1959年に西落合に移転した当時の関水金属の社屋は製造工場も兼ねていた。ここで日本のNゲージが産声を上げた。その後、生産数の増加に伴いこの地域に分散して複数の工場が作られ、初期の量産体制が形成された。現在でも関水金属／カトーの本社に加えて、ホビーセンターカトーもこの地にあり、2014年には新社屋が完成した

現象と化し、これに連動するようにNゲージ市場も爆発的な拡大を見せた。Nゲージは小中学生のみならず、既存の広範な年齢層の鉄道模型ユーザーにも急速に受け入れられてゆく。これには手軽に運転を可能とした組立式線路のユニトラックシステムが開発されたことによるところも大きい。すなわち、Nゲージを楽しむものに固定式レイアウトが必須条件ではなくなったことを意味する。これもNゲージの普及を一層加速した要素として忘れることはできない。

ユーザー層の拡大に伴って、必然的に製品の多様化に対する声が高まるようになり、こうした需要に応えるために1980年に坂戸工場、続いて翌年には埼玉工場を新設して、製造・生産設備の強化が積極的に進められた。この2工場はその後も設備を改善・拡充し、現在も関水金属製品の生産拠点として機能している。

この時期の製品に目を向けると、国鉄の特急・急行型の電車・気動車の充実に加えて、私鉄車輌、さらに入門者を主な対象にしたポケットラインシリーズが新たに発売された。また自社ブランドによる初めての外国型車輌としてTGV（Sud-Est）や、のちにスイスのHobbytrain社向けに数多くの製品を供給した。その最初のアイテムがRe6/6である。

■関水金属/KATO Nゲージのあゆみ
第1期～5期　文：関 良太郎
（『KATO Nゲージ生誕50周年記念誌』第4章P52-61を抜粋再編集）

●第1期　1965～1974（昭和40～49年）
～Nゲージの発売とその黎明期・普及に向けた努力の10年～

1965年当時、国内の鉄道模型はHOゲージ（スケール1：80・ゲージ16.5mm）で金属製の車輌が主流であった。一方で、Nゲージは1960年代に入ってから海外にいくつかのメーカーが存在し、徐々に普及し始めていたが、国内にNゲージメーカーはなく、高価な輸入品がわずかに流通していたに過ぎず、Nゲージの存在を知るユーザーも皆無に等しかった。

そこに登場した関水金属の国内初Nゲージは、そのサイズとプラスチックを多用した構成により、国内における鉄道模型のイメージを根底から覆すものだった。

1970年頃よりEF65 500や20系客車、C62やD51などの蒸気機関車が発売されると国内でもNゲージが普及し始めた。それでも国産Nゲージの誕生から最初の10年は、現在に比べると新製品の数はきわめて限られ

ていた。その中で誕生したC11とキハ20系は、Nゲージを「レイアウトのゲージ」と認識していたユーザーにとって大きな意味を持つ製品であった。それはレイアウトのテーマとして最適なローカル線を走る現役車輌だったからである。

●第2期　1975～1984（昭和50～59年）
～Nゲージが普及し現在に続く市場を形成した10年～

最初の10年間で徐々に製品数を増やし、様々な鉄道シーンを再現できるようになったNゲージは、継続的な製造技術の向上による品質改善も進み、1975年から1980年代前半にかけては、現在の隆盛への基礎を築いた10年間であった。中でもキハ82系では嵌め込みによる窓表現や、車体下部のみに集約した動力ユニットの開発によって動力車の室内にも空間を設けて室内灯の装備が可能となり、現在のNゲージ車輌の基本形を確立した。その後もNゲージ車輌の理想形を求めて新たな構造や機構が盛り込まれ、品質は向上してゆく。

一方、1970年代後半に訪れたブルートレインブームは幅広い世代を巻き込んだ社会

●第3期　1985～1994（昭和60～平成6年）
～Nゲージの市場拡大と生産量の増加に対応した10年～

ブルートレインブームの頃には低年齢層を中心に普及が加速したが、さらに10年が経過してユーザーの年齢層は厚みを増し、国

写真は1970年代に生産されたEF70。当時の製品はディテール表現、動力構造、さらに車体色までもが後の製品とは異なる。まだCADのない時代、すべて手描きの図面によって作られた時代の製品は、最新の製品に比べれば見劣りのする部分はあるが、印象把握は素晴らしく、正確さの中に暖かみさえ覚える。そんな製品だからこそ、手にしてからの時間の経過の中で、人と製品が紡いできた歴史として特別な関係を築くことができる。古いが大切にされてきたこの製品は、特別なメンテナンスを受けていないが、生産から40年を迎える現在でもきわめて安定した走行が可能である

第1期1965～1974年の車輌　現在の製品とは異なった素朴な表情が魅力である。当時の市場環境と生産規模を反映して、新製品の発売も現在のように多くはなかった。まずは認知と普及を目指したことから、最初のC50で蒸気機関車を製品化し、これに続く製品には当時の最新鋭車輌である103系通勤型電車、EF70形交流電気機関車と様々なジャンルの形式が並んだ。この10年間の後半には普及の兆しが見え始め、そこに貢献したのがC62、D51や20系客車、さらにC11やキハ20系であった

第2期 1975～1984年の車輌群 キハ82系に始まり、人気のある国鉄の特急・急行型電車や気動車などの編成が次々に製品化された。中でもEF65 1000番代と24系ブルートレインは生産が追い着かないほどの需要となった。ケース内のペーパーインサートが白黒印刷から車種で色分けされたカラー印刷となり、華やかな車輌を引き立たせる。そこに表示されている製品番号はまだ3桁であった。その後の製品数の増加によって現在の4桁表示に移行するが、これも当時の状況を物語っている

〈飛躍の時代へ ―新幹線の新たな挑戦―〉
東海道新幹線は1964年に新大阪まで開業、その後山陽新幹線として1975年には博多まで延伸される。この時期、車輌は0系のみが運用されていた。1987年に東北・上越新幹線が開業すると、0系のスタイルを踏襲しながら耐雪構造を取り入れた200系が投入された。塗装もブルーの部分がグリーンに変更され、ロングノーズの先頭部と合わせてイメージが一新した。Nゲージの新幹線は、実際とは逆に200系が先、0系がそれに続く形で製品化された。進化の過程で生み出された空力スタイルとなってデザインが先鋭化された新形式に対し、どこかほのぼのとした形のこの2系列の新幹線は「かわいい」と評され、にわかに人気が高まっている。模型でも現在の「新幹線」の礎となった点で実車と同様に意義のある製品となった

内ではNゲージが鉄道模型の多数派としての役割を担うようになった。

海外に目を移すと、Nゲージ発祥の地であるヨーロッパでは1980年代の半ばにピークを迎えた後に減少傾向に転じ、その結果としての多品種少量生産が価格に影響を及ぼすという循環を生じている。これは世界的に同じ傾向であり、このような点からも国内のNゲージ市場の成長はきわめて稀な例と言える。

また製造・生産設備の拡充は、国内に加えて海外に対する製品供給量の増加をも実現した。1986年のKATO USA設立を機に、米国型の車輌は自社の企画による製品を自社ブランドで販売する形に移行する。これと並行してヨーロッパ向け製品も販売が強化されてゆき、KATOブランドは世界規模で認識されてゆく。

国内では1987年に国鉄が分割・民営化されてJRが発足し、各社に個性的で華やかな車輌が登場した。この状況を反映して、

Nゲージ製品でもジョイフルトレインや豪華な寝台特急など多様なモデルが登場する。また、新鋭の私鉄特急車輌の製品化にも力が注がれた。一方、これと連動する形で、販売形態に関しては電車や気動車、客車の編成ものを中心にセット形態での販売が増加したが、これは市場の要望を反映した対応であった。

●第4期 1995～2004（平成7～16年）
～Nゲージの進化と品質向上を実現した10年～

たゆまぬ研究・開発による製造技術の進展を背景に、走行性能を含めた機能面での高性能化を達成するとともに、細部表現や塗装・レタリングなど外観の上でも飛躍的に進化した。

車輌を別の視点から見てみると、連結面間隔の短縮という長年にわたるNゲージの基本的問題点に取り組み、カプラーの開発により外観改善と機能性向上を両立させ

た。さらに実車に特徴的な振り子機構の再現などを実現したのもこの時期である。

一方、走行性能の点からは、国内ではEF81形電気機関車で初めて採用されたフライホイールの装備が、電気機関車から電車や気動車へと拡大し、新規開発の製品から順に標準仕様となっていった。フライホイールの装備により実感的な走行が実現するとともに、ポイント通過時などの集電性能の低下を補完して、走行の安定性が格段に向上し、動力車としての性能レベルが総合的に高められた。

製品化された車輌に着目すると、JR各社の発足から10年以上が経過して、各社が独自に開発・投入した個性的な車輌の製品も数多く加わるようになった。また路線が拡大してゆく新幹線についても、運用や用途の多様化によって個性的な車輌が順次登

第3期 1985～1994年の車輌群 この10年も前半はブルートレイン、特急型電車の人気が高く、その需要に応えるための生産量が多かった。1987年の国鉄民営化と前後してジョイフルトレインが数多く誕生し、その人気を受けて、Nゲージでも多彩な車輌が誕生した。実車同様に国鉄からJRへの過渡期の車輌が多数製品化されたのもこの時期の特徴である

〈時代を拓く ―特急型気動車の先駆け―〉
鉄道車輌の中で気動車は比較的新しいカテゴリーだ。制御・駆動方式は機械式に始まり、電気式を経て液体式に至って標準化が実現した。最初はローカル線用の車輌から投入され、急行、特急型へと発展してゆく。特急型気動車の最初の形式キハ80系は1960年に誕生した。制御気動車キハ81は特急型電車151系の流れを汲んでデザインされた独特なボンネット形の先頭部で話題になった。翌年には分割併合に対応したキハ82系に発展し、全国の特急網は非電化区間を含めて整備されてゆく。

Nゲージのキハ81系は実車とは逆に、キハ82系に加わる形で製品化された。先頭部の形状が印象的なキハ81に加え、キロ80初期型やキサシ80という82系にはない形式もこの時に製品化している。また雨どいの赤ラインなどに品質向上の成果が表れている

第4期 1995〜2004の車輌群　新工場の稼働や新しい生産設備の導入に一定の成果が見えた10年．生産可能な品種も増加傾向となり，従来以上に幅広いジャンルの製品が供給できるようになった．同時に新たに導入されたCADシステムによる設計は，それまで再現に非常に手間のかかった3次元曲面が複合する形状の設計もイメージどおりの表現が可能となった．こうして生まれたのが500系・700系新幹線，キハ283系などの形式で，以後はすべてこの方式で製品化されている

場してゆく．これを反映して新たな製品化が進められる．その一方で，それまでは生産能力の関係で製品化が難しかった国鉄時代の車輌も，代表的なものから順次取り上げられるようになり，より幅広い世代を対象とした製品のラインナップが一層の充実を見せた．

●第5期　2005〜2015（平成17〜27年）
〜Nゲージ市場の多様な需要に応え続けた10年〜
この時期になると，製造機器の更新と工程の合理化により，高品質な製品を量産できる体制が構築されてゆく．

技術面での改善のひとつに小型コアレスモーターの開発がある．このモーターは駆動装置の寸法的制約を大幅に緩和し，製品化できる車種の幅を広げた．それは従来，

模型化が困難とされていた小型の蒸気機関車などの車輌を，安定した走行性能を確保しながらスケール寸法で製作できるようになったことを意味する．ちなみに，このモーターはNゲージの蒸機以外にも，HOゲージ車輌からNゲージのターンテーブルまで，幅広い用途に使用されている．

併せて，草創期に製品化された車輌についても現代の技術を反映して，あらためて製品化を行う動きがこの10年間で大いに加速した．

生産面での改善は，車輌製品を企画する上でも自由度が増す結果となり，新たな流れを生む効果ももたらした．

この時期の初頭には「レジェンドコレクション」として，国鉄，私鉄を問わず鉄道の歴史に残る名車をシリーズ化し，Nゲージで鉄道の歴史を振り返るコンセプトがスタートする．また近年では，レーティッシュ鉄道や飯田線というように，車輌形式の枠を超えたテーマを掲げて，単に車輌の製品化にとどまらず，実車の形態を忠実にNゲージで再現することにより，その鉄道や路線の持つ地理的条件や物流などを含めた沿線の文化を紹介しながら，その雰囲気までも味わえることを目指した企画が展開されている．

販売形態に関しては，電車や客車列車を中心に，ユーザーの厳しい視点にも耐えられる時代考証を踏まえながら，主力は編成単位での販売へと移行している．

2014年には日本のNゲージ発祥の地である新宿区西落合に新社屋が完成し，関水金属／カトーの本社に加えて，一般ユーザー向けの販売と普及活動の拠点であるホビーセンターカトー東京が一新されている．

第5期 2005〜2015年の車輌群　生産能力の向上と技術面の進化を受けて様々な車輌がかつてないほど数多く生み出されている．とくに蒸機（C62，C56など）と小型車輌（DD16，ED19など）の進化が顕著な10年となった．この一方で，新しい車輌だけではなく過去に遡って歴史的価値のある車輌も製品化することが可能となった．また485系・583系・EF81・D51のように，従来と同一形式の製品を現代の技術で進化させた2世代目以降の製品も登場した．さらに海外市場においても，KATOブランドで販売される欧米型の車輌製品数が顕著に増加している

2021年に単体で発売，2022年からNゲージ車輌製品に搭載が始まったスロットレスモーター．従来のモーターと互換性を保ちつつ，低速運転時の滑らかさが格段に向上している（写真：『とれいん』編集部）

ビッグボーイは4014号機をプロトタイプとし，黒光りする巨体を忠実に再現．同社標準の半径282mm曲線を通過可能で，コアレスモーター2基によりスムースかつ強大な牽引力を発揮した　（写真：『とれいん』編集部）

●第6期 2016〜2023（平成28〜令和5年）
〜技術進展を味方にさらなる挑戦〜
文：山本 晃司（みやこ模型）

2015年にNゲージ製造50周年を迎え，日本，いや世界のトップメーカーとしての地位を不動のものとしたが，さらなる挑戦が続いている．

鉄道模型製品の重要なポイントとして走行性能があげられる．いかにスムーズに走行し，お座敷運転においても急曲線や急勾配を通過できるかが大きな課題である．

心臓部ともいえるモーターについても，よりスムーズな走行を実現するため，"スロットレスモーター"を2021年に開発．従来のモーターには鉄心の溝（スロット）があり，低速走行時にトルク発生ムラによるカクカクとした挙動があることが問題となっていた．これを解消するためにスロットを廃してトルクの発生ムラをなくし，スムースな走行を実現している．683系4000番代"サンダーバード"から搭載を開始し，EF65・66といった機関車にも水平展開を行っている．製造現場の環境改善にも寄与しており，今後の標準モーターとなることが決まっている．

また，長年の課題であった大型蒸気機関車"ビッグボーイ"の製品化にも挑戦．同社の標準曲線であるR=282を通過させるためにコアレスモーターを2基搭載し，それぞれ独立した走り装置が駆動する．回転軸の位置を工夫することで急曲線の通過問題クリアしている．2023年に発売され，アメリカはもとより日本でも驚きをもって迎えられた．

KATOでは組立式線路"ユニトラック"が長年の実績を誇っているが，2023年には"貨物駅プレート"が新登場した．アスファルトを模したグレーのプレートに複線間隔25mmの線路をセット．貨車やコンテナを使って積み下ろしや入換といった遊びも楽しめる．現代の貨物列車の運転形態に対応している点は見逃せない．

そして，さらなる生産能力の向上を目指して，2024年には新工場が完成する予定である（下記記事参照）．所在地の埼玉県鶴ヶ島市との包括連携協定により，隣接する児童公園とあわせて"イングリッシュ・ナチュラル・ガーデン"を整備．新工場の外周に762mmと610mmの三線軌条を敷設．本物の機関車や客車を走らせる計画である．イギリスで見られる保存鉄道をイメージしたもので，どのような風景になるのか多くのファンが注目している．

2024年度完成予定の新工場について

取材：なんこう　撮影：平野 聡
（2023年9月14日 於：関水金属本社）

関水金属が建設中の鶴ヶ丘新工場（SEKISUI WORKS）の完成予想図．KATO Railway Parkと周囲を巡る関水本線，そして鶴ヶ島市鶴ヶ丘児童公園が見える

株式会社関水金属
取締役 副社長
工場長
河野 和廣さん

株式会社カトー
取締役 営業部長
日原 秀二さん

—— 御社は現在，鶴ヶ丘新工場を建設中ですよね．かなり大きなものになるとか．具体的にどの程度の規模なのでしょうか？
河野さん：現在の工場に比べ規模は1.5倍になります．生産能力も同様に上がる予定です．
—— となるとそれだけ市場にKATO製品が供給されるということですね．
日原さん：そのとおりです．いまKATOは多くのバックオーダーを抱えており，それを解消するためには生産能力を上げていく必要があるのです．
—— 一層の海外展開も見込んでですか？
日原さん：はい，ここで具体的なことは控えますが，国内だけでなく広くKATO製品を世界に供給するためもあります．

—— いつの日かNゲージ製品の数割が鶴ヶ丘から世界に飛び立つわけですね．
河野さん：もちろん，そういう未来が訪れることを我々は確信しています．
—— ほかにも新工場の周囲を回るように762mmと610mmのデュアルゲージ（三線軌条）で関水本線を敷設中ですよね．生産設備だけでなく，ファンや地域の人々も巻き込み総合的に鉄道を楽しめるようになるのですね．
日原さん：そうです．すでに古い蒸機を大改修した"OLIVER"や，同じく7tDLを整備した"BILLY"がイベントなどで走る予定です．
河野さん：他には西武鉄道旧山口線で走っていた蓄電池式機関車と遊覧客車も全国から再集結しており，現在整備中です．もちろん，これも走る予定です．
—— それは凄い！とても夢のあるはなしですね．聞いているだけでワクワクします．
日原さん：この工場は鶴ヶ島市とタイアップしていて，鶴ヶ丘児童公園の中に機関庫と駅を建設します．そのほかに工場の横（イラストでは右側の建屋）では全国から集めたナローゲージ車輌を展示予定です．
—— もはや鉄道模型メーカーの枠を超えた活動ですね．
河野さん：我々は鉄道模型ばかりではなく，鉄道趣味全般を広く提供したいと思っています．この活動もその一環と思ってください．
—— 完成を心待ちにしております！

投票結果発表

MODEL OF THE YEAR JAPAN
No.1 日本モデル・オブ・ザ・イヤー®

ev08

モデル・オブ・ザ・イヤー 投票所

2022年8月1日から2023年7月末日の間に日本国内において販売を開始した鉄道模型車輌を対象として皆様の投票により1位を決定いたします。

張り出されたリストはNゲージ部門，一般（その他）部門に分けられ発売月ごとに整理，PCでも閲覧できる

2022年8月から2023年7月までの1年間で発売された鉄道模型（塗装済み完成品）はNゲージ490，一般337，計827アイテムだった。その中からJAM来場者が最優秀模型を投票で選ぶ。

※アイテム数はModels IMON入荷実績に依る

選定規定

・2022年8月1日～2023年7月31日の間に日本国内において市販を開始した鉄道模型車輌(塗装済完成品形態に限る)が対象。スケール，メーカーは問わないが，部門として「Nゲージ部門」「一般部門」に分けて実施する。

・イベント限定品は除く。

・「塗装済ディスプレイモデル」選定対象外。

・入場券1枚につき1回，2部門のうちどちらかに1票投票。

・製品のリストはModels IMONでの入荷取扱実績に従い会場に掲示。またWEB上でリスト・写真をアップし，投票所に備えられたパソコンでのチェックも可能。なお，リストにない商品(＝Models IMONで取扱がなかった商品)でも，規定に合致するものであればその旨を記すことで投票できる。

Nゲージ部門
第1位

MODEL OF THE YEAR JAPAN
1st

第6回
日本モデル・オブ・ザ・イヤー®

ユニオン・パシフィック鉄道
ビッグボーイ ＃4014
〔KATO〕

第6回日本モデル・オブ・ザ・イヤー®Nゲージ部門では，KATOから2023年5月に発売された米国ユニオンパシフィック鉄道ビッグボーイ＃4014が第1位の栄冠に輝いた。4-8-8-4の軸配置，全長40mを超す巨人機を忠実にスケールダウン，さらに半径282mmの曲線通過の実現など，外観の緻密さと卓越した走行性が評価され，127票を獲得した。NゲージのパイオニアKATOが世に問う渾身の作である。

ダブル煙突や汽笛，ベルが目を惹く煙室回り，複雑なフロントデッキの精緻さに目を見張る。手すりもシャープ

豪快な7軸テンダー。リベット，手すり，ハシゴから上部のディテールまで綿密に調査，再現されている

40mを超す全長の巨人機を忠実にスケールダウンした重量感に圧倒される．透けて見えがちな下回りもご覧の通りの凝縮感でまさに"鉄の塊"の重厚さと言えよう

●受賞のことば

　この度はNゲージ部門において1位に選出頂き，光栄の至りでございます．ご存じの通り"ビッグボーイ"は世界で唯一の4-8-8-4の軸配置と長大な車長を持つ機関車で，製品化に際しては曲線通過という大きな壁がありました．それに伴う数々の課題を解決すべく開発を開始したのは2018年後半のことで試行錯誤の上，半径282mmの曲線通過性能を実現することが出来ました．またその外観・構造から部品点数が通常の蒸機製品の2倍に及ぶため，製造・生産面においてもエピソードには事欠きません．構想から発売まで5年弱を費やしましたが，無事皆さまのお手元にお届けすることができ，米国ではもちろん日本国内においても当初の予想を上回るご注文を頂けたほか，本製品をきっかけに初めてアメリカ形を購入された，というユーザー様も多かったなど，模型メーカー冥利に尽きるお声も頂戴しております．反面，結果的にこれまでの蒸機製品とは別格の価格となりましたが，それにふさわしい品質・走行性を備えている製品であると自負しておりますので，お手元で確かめて頂ければと存じます．2024年1月にはアナログ運転でも迫力のサウンドが再現できるサウンドカードも発売予定ですのでお楽しみください．

（株式会社カトー　和田史明）

金色に光るベルが印象的なフロント．煙室扉のクリートも実感的だ．これぞ鉄路の王者の風格

エンジン部12軸，テンダー7軸という途方もないスケール．密集感の高い動輪により1/160を感じさせない重々しさをかもし出す．接近した機炭間にも注目

MODEL OF THE YEAR JAPAN **1st**

第6回
日本モデル・オブ・ザ・イヤー®

185系0番代 踊り子色
（国鉄時代）

〔天賞堂〕

クリーム10号の車体に斬新な緑14号のストライプ．1981年から40年にわたって湘南・伊豆の顔として走り続けた185系，MT54D電動機の唸りが蘇ってくる

「一般部門」はNゲージ以外のジャンルで，16番を始め1:87/12mm，Zゲージ，ナローゲージなどすべて含まれる．第6回の栄えある第1位となったのは，同票で天賞堂「185系0番代 踊り子色（国鉄時代）」とKATO「24系〈夢空間〉」の2製品となった．いずれも満を持しての発売となり，モデラーの期待も大きかった．両製品ともその期待を大きく超える仕上がりで，多くのファンを唸らせたのだった．

●**受賞のことば**

この度，弊社の185系がこのような栄誉をいただき大変光栄に存じます．ご投票いただきました皆様に心より御礼申し上げます．

本製品で新たに採用したのが前面のスクロール式トレインマークです．付属のスティックを用いて直接マークフィルムをスライドさせるというものです．この構造を発表したとき，拍子抜けされた方もいらっしゃったかと思いますが，直感的な操作こそ一番解りやすく，構造もシンプルにできるため不具合も起きにくいと考えました．その他は概ね従来のプラスティック製シリーズを踏襲し，堅実な模型作りを心掛けました．しかし，ちょうどコロナ禍に製造時期が重なってしまったため発売が大幅に遅延し，皆様には多大なご迷惑をお掛けする結果となりました．尋常ならぬ生みの苦しみも味わいましたが，今回の受賞で報われた思いであります．

（株式会社天賞堂　中山智晴）

185系カラーラインナップ（試作品・RMM提供）

ヘッドマークの幕はスクロールできる

第6回
日本モデル・オブ・ザ・イヤー®

MODEL OF THE YEAR JAPAN 1st

24系〈夢空間〉
〔KATO〕

内装や外部塗色に独自の意匠がこらされている珠玉の3輌を，イメージそのままに作り込んだ格調高い製品

◉受賞のことば

　一般部門において1位に選出頂き，誠にありがとうございます．「夢空間」製品化発表時，Nゲージでの製品化ではないことに驚いた方も多かったかと思います．実は2019年発売の〈(HO) EF81北斗星色〉に「夢空間」のヘッドマークを含めたのは，今回の製品化に向けた不退転の決意の現れでしたが，4年目にしてフラグを回収することができたということになります．できるだけ多くの皆さまにお届けできるよう，KATO製品としてのメリハリを持たせた内装の作り込み，実車のイメージに沿った外観・塗色の再現に注力しました．また別売の室内灯を取り付けた際に満足度を高められるような工夫も随所に盛り込んでいるほか，生き生きした空間を再現できるような関連製品も考えていますのでお楽しみに．連結用の単品客車も2024年1月発売予定ですので併せて揃えて頂ければと存じます．

（株式会社カトー　和田史明）

オロネ25 901「デラックススリーパー」

オハフ25 901「ラウンジカー」

オシ25 901「ダイニングカー」

オハフ25 901の内装

オハフ25 901の室内灯

オシ25 901の内装

オシ25 901のテーブルランプ

■ Nゲージ部門 結果（10位まで）

順位	メーカー	商　品　名	投票数
1位	KATO	ユニオン・パシフィック鉄道 ビッグボーイ ＃4014	127
2位	KATO	8620 (58654「SL人吉」)	86
3位	KATO	113系 1000番台 横須賀・総武快速線	44
4位	KATO	東京メトロ半蔵門線 18000系	36
5位	TOMIX	特別企画品 小田急ロマンスカー 50000形 VSE(VSE Last Run)	33
6位	KATO	EF66 0番台 後期形 ブルートレイン牽引機	32
7位	TOMIX	C55形蒸気機関車（3次形・北海道仕様）	29
7位	TOMIX	JR 2700系特急ディーゼルカー（南風・しまんと）	29
9位	KATO	455系 急行「まつしま」「ばんだい」	26
10位	KATO	300系 0番台 新幹線「のぞみ」	25

総得票数：1,501

■ 一般部門（7位まで）

順位	メーカー	商　品　名	投票数
1位	KATO	24系〈夢空間〉	24
1位	天賞堂	185系0番代 踊り子色（国鉄時代）	24
3位	IMON	大夕張鉄道 客車3輌 DL時代	11
4位	天賞堂	C57形蒸気機関車11号機『かもめ』牽引機	10
4位	カツミ	東武500系「リバティ」	10
6位	天賞堂	185系0番代 新踊り子色（湘南パターン）	8
6位	天賞堂	185系0番代 踊り子色（JR晩年仕様）	8
6位	エンドウ	西武鉄道 001系 Laview	8
6位	IMON	C11 325 真岡鐵道	8
6位	IMON	157系 お召列車5輌編成	8

総得票数：357

戦後における国鉄車輌技術のあゆみ

講師／三品勝暉

8月20日（日）12：30～13：30／特設ステージ

三品勝暉氏

国鉄・JRの技術畑を歩いてこられた三品勝暉氏に，旧型電気機関車から新幹線に至る車輌技術の発展をエポックメイキングな事柄に焦点を当て，60分という限られた時間の中で整理して講演していただいた．戦後日本の成長とともに進歩を続けきた鉄道車輌，インフラの発達過程をたどる興味深い構成だった．

■ 旧型電気機関車の終焉

昭和20（1945）年8月15日，大東亜戦争は終わった．国鉄も甚大な被害を被ったが，戦後輸送への対応を考え，ロングラン可能で信頼性の高い電気機関車を早急に新造する必要があった．終戦の年10月には中野の焼け野原に残った女学校に国鉄とメーカーの技術者が集められ，EF58形電気機関車の共同設計が始まった．基本設計思想は，続いて製造を予定する貨物用機関車EF15形と共通設計とし，機関車出力を向上させ，低コストで造る，併せて壊滅状態にあった日本の産業復興に役立てる，ということであった．

基本構造は標準化された旧型電気機関車と変わらないが，特筆すべきは車軸軸受にコロ軸受を採用したことである．当時，軍需産業はGHQにより解体されつつあり，ベアリング産業も例外ではなかった．これに対し，後に新幹線開業に向けて指揮をとった島秀雄氏がGHQに対し，基幹産業で

電車特急の増加に合わせ，EF60形より高速性能を向上させたEF65形が登場した

最高速度100km/hの10000系貨車を単機牽引できるEF66形は国鉄最後の新製直流機となった

あるベアリング技術の存続を訴え，説き伏せたのである．以後，貨車を除く全車種の車軸軸受をコロ軸受とすることが標準化された．

続いて，米原電化に備え1,200t貨物列車を牽いての関ケ原越えをするにはEF15形単機では非力のため昭和29（1954）年，EH10形が誕生した．8軸動軸で先台車を廃し，動台車の2軸ボギー化，2分割車体の永久連結構造など新技術を駆使した本形式は，従来の旧型標準電気機関車の最後となり，新性能による標準型機関車へと発展を遂げるのである．

■ 車輌を発展させた技術

◉軍民共用技術の移入

戦後，旧陸海軍で軍事研究に従事していた優秀な研究者が研究所に転籍して来て，従来の経験工学に頼った実験主体の研究から理論，計算を重視する研究体制へと大きく進化した．ゼロ戦の墜落事故解明理論を駆使した車輌蛇行動の理論化，戦闘機機体の張殻構造を活用した車体軽量化，通信研究がベースのATCなど，いずれも軍事技術が平和産業としての新幹線を生み出す原動力となった．日本は防衛装備品の研究を抑制すべきではない．

◉交流電化

車輌技術は交流電化試験成功を機に著しく発展した．交流電化の利点は変電所間隔の延伸，高出力車の実現，粘着性能の向上などである．課題は誘導障害，軽量化などで，仙山線において大規模な試験を行った．試作機関車は直接式と水銀整流

ED78形・EF71形（写真）で初のサイリスタによる交流回生ブレーキが実現した

器を用いた間接式により行い，間接式による交流電化の有利さが実証され，以後の電化を交流電化とすることに決定．直流電化を予定していた北陸線を交流電化とすることとし，昭和32（1957）年，世界初の商用周波数による交流機関車ED70形が造られた．

◉交流・交直流電気機関車

水銀整流器は温度管理，防振などに問題があり，シリコン整流器の開発を待ち，昭和35（1960）年，関門用交直両用機関車EF30形で部分出力として試用し，見通しを得たため翌年から量産した．同時期に421系，401系など交直流電車も誕生した．

交流機関車で初の全出力シリコン整流器使用機は昭和37（1962）年製EF70形で，10kmに及ぶ11‰上りこう配の北陸隧道において1,000t貨物列車牽引用に造られた．主電動機は直流機でも共通に使用した標準形MT52が使われた．本形式を4軸化したのがED74形で，本形式をベースとし，高圧タップ切換器と磁気増幅器による連続制御を可能とした標準形交流機として造られたのがED75形である．本形式は使い勝手が良く，幅広い同系列機が多く，1000番台は客貨両用特急列車けん引機として活躍した．

半導体はシリコンからサイリスタへと移行し，1秒間に1000回以上もスイッチングして任意電圧が得られるようになってきたため，タップ切換器，磁気増幅器の省略が可能となった．そこで，北海道電化にそなえED75 501号をサイリスタ制御機関車として試作した．その結果を反映して北海道に投入したのがED76形500番台で，ED76形（基本番台）はED75形と同構造でSGを搭載した60Hzの九州向け機関車である．

以後，サイリスタの使用が本格化し，昭和42（1967）年磐越西線用ED77形を経て，昭和43（1968）年奥羽線板谷峠越えに製造したED78

曲線対策と蛇行対策は相反する

	蛇行動安定性を重視するとき	曲線通過性を重視するとき
台車の回転抵抗	大	小
軸箱支持剛性	ある程度大	小
踏面の等価勾配	小	大
軸距（前軸・後軸間前後距離）	大	小

宮本昌幸『鉄道の科学』（講談社）より

1000PS機関と充排油式変速機が開発されDD51形でディーゼル機関車は標準化された

形，補機 EF71 形では初のサイリスタによる交流回生ブレーキが実現した．本形式をもって交流電気機関車の新設計機は以後途絶え，改造機としては青函用に ED75 700 番台を種車とする ED79 形が昭和 61（1986）年に登場している．本形式は，新幹線用 ATC 区間を走行したことが特徴である．

交直流電気機関車は，EF30 形に続き，EF70 形誕生と同時期に常磐線用に EF80 形が登場．その後，1968（昭和 43）年，EF81 形が登場した．本形式は交流 50Hz，60Hz 区間，直流区間を通じで走行できる機関車で日本海縦貫線用に造られた．直流機 EF65 形を基礎に設計されている．

◉直流電気機関車

直流電気機関車は，老朽化した D 形輸入機の置換え用として 1957（昭和 32）年 ED60 形が造られた．電線軽量化，絶縁材の進歩など交流電化で開発された技術を駆使し，軽量高出力の主電動機，粘着特性向上を目的としたバーニア制御，界磁制御による電気的軸重補償，先輪廃止の 2 軸ボギー動台車などの新技術を導入した．昭和 33（1958）年登場の本形式を 6 軸化した EF60 形は 6 軸機でありながら EH10 形とほぼ同等出力で 20t の軽量化を果すことができた．以後 EF60 形を基

本にアプト式を粘着駆動にした 66 ‰用機関車 EF62，63 形が登場，碓氷峠アプト区間を粘着運転へと変貌させた．

電車特急が激増した当時，EF60 形より高速性能を向上させた機関車が必要となり，EF65 形が山岳線用 64 形と同時設計がなされた．制御方式が電車と同様のカム軸による自動進段方式であった．500 番台，1000 番台が造られ，客貨両用特急列車けん引機としても活躍した．EF65 形をもって EF60 形を基本とした新性能の直流機関車は終焉を迎えた．

貨物輸送の質的向上を図るため，最高速度 100km／h の 10000 系貨車を単機牽引できる機関車として新鋭機 EF66 形が昭和 41（1966）年に誕生し，東海道，山陽線で活躍した．狭軌では世界一の出力 650kW の主電動機を装架，空気ばね付き台車，吊掛式ではなくばね下質量低減化を図った駆動装置，空気ばね式台車など従来の電気機関車と異なる構造であった．直流機関車は本形式で終焉を迎え，この後，瀬野・八の補機を単機にするため，EF60 形にチョッパ制御化改造を施した EF67 形が登場している．

◉ディーゼル機関車

ディーゼル機関車は石油統制などから開発は遅れ，大型機関は昭和 30 年初頭まで外国製であった．外国製では故障発生時，交換部品の入手に時間を要し，運用に支障をきたすため多少機能，性能は劣っても全てを国産とすべく大型機関・液体変速機の開発を行い，1,000PS 機関と充排油式変速機が開発され DD51 形で標準化．さらに馬力アップして入れ換え，ローカル線輸送用に DE10 形が登場，両形式とも輸送近代化に大いに寄与した．

◉電車

電車は長距離運転には不適当であるという定説を覆し昭和 25（1950）年，東京〜沼津間に 15 輌編成の湘南電車が誕生した．湘南電車は最後の旧型電車ではあったが，客車同様の車内構造で台車も改良され，その発展形として 1957（昭和 32）年，

図1：151系電車降鋼体構造（2.95m）

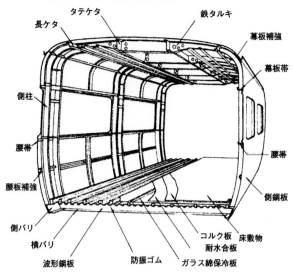

『電気車の科学』（電気車研究会）より

図2：初期の空気ばね台車

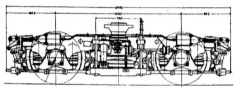

『電気車の科学』（電気車研究会）より

図3：ボルスタ台車

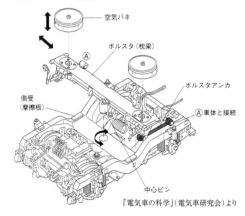

『電気車の科学』（電気車研究会）より

図4：ボルスタレス台車

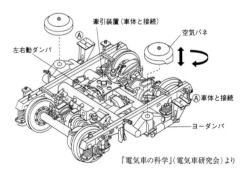

『電気車の科学』（電気車研究会）より

新系列電車モハ 90 形が試作された．ユニット電動車方式，軽量不燃構造の車体，100kW 主電動機，中空軸平行カルダン駆動方式，多段制御，電磁直通ブレーキ，プレス溶接構造台車などの新技術は，以降の国鉄電車の標準となった．

1958（昭和 33）年にはモハ 90 形の車体を特急仕様とした初の電車特急「こだま」151 系が登場した．同様に用途別に車体を変えることで，準急用

新たな技術を集約して誕生した新系列電車モハ 90 形は以降の国鉄電車の標準となった．その特急仕様として誕生したのが 151 系である
東海道本線　大船〜戸塚　1958.4.29　写真：久保　敏

図5：軸箱支持装置

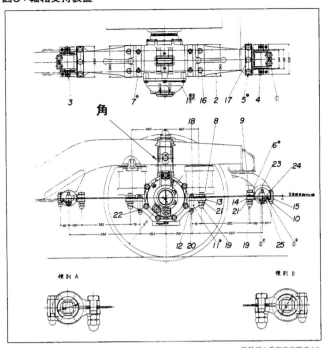

新幹線0系電車説明書より

に153系，近郊用に111系などが次々に登場した．山岳線にも投入されていき，主電動機を120kWに出力アップした115系，165系なども登場した．交直両用電車もモハ90形を基本に変圧器，整流装置を搭載することで標準化が図られ近郊，急行，特急など列車種別に応じ，多数の形式が誕生，50Hz，60Hz両用電車も造られた．

また，世界でも例を見ない昼夜兼行で走れる寝台電車583系も登場し，運用効率は著しく向上した．北海道では交流専用の1M方式も登場した．

技術要素別にみると図1（前頁）に示すようなナハ10形で完成した張殻構造による軽量車体，材料も鋼からステンレス，アルミ合金を使用するように発展した．台車の発展は著しい．台車の蛇行動対策は，表に示すように曲線と直線走行時では相反するが，その対策も確立し，空気バネも図2（前頁）に示すこだまの頃はベローズ形で上下にしか弾性支持できなかったが，ダイヤフラム形では左右にも弾性支持ができるようになり，図3（前頁）のように吊り装置を廃した．次に前後にも弾性支持できる空気バネが開発され，図4（前頁）のようにボルスタレスを可能とし，台車の小形軽量化が実現された．また，曲線走行時の速度向上を目的に振子式電車381系が昭和48（1973）年，山岳線向けに登場した．さらに，半導体の進歩により，チョッパ制御やVVVF制御へと大きな進歩を遂げ，JRへと移行した．

● **ディーゼル動車**

機関の開発遅れは機関車と同様で，戦前設計の8気筒機関DMH17形を使用し，戦前開発済の液体式変速機を組み合わせ，良好な成績を得たので

昭和28（1953）年以降，爆発的に普及し，遂には特急型まで登場した．動力近代化に果たした役割は絶大で，日本ほど大量にディーゼル動車を普及させた国は世界にもないであろう．

● **客車**

車体軽量化は昭和30（1955）年の張殻構造鋼体による軽量設計の完成が画期的であった．以後，軽量車体構造は他車種でも標準構造となり，重い寝台車も軽くなったため，15輌固定編成のブルートレインを登場させた．

● **貨車**

貨車は質的改善が図られ，コンテナ輸送や物資別貨車の進歩が大きく，空気バネを使用した最高速度100km／hの10000系が登場した．

■ **新幹線技術の歩み**

1957年，研究所50周年記念講演会で「東京～大阪間3時間への可能性」が講演された．これを機に，新幹線構想が俄かに具体化され，東京オリンピックに向け建設することが昭和33（1958）年決定された．

最初に決めるべきは，工事着工に必要な車輌重量であり，過去の経験から定員乗車で1輌60t，最大軸重16tと決めた．講演会内容で既知の技術は1/3程度で，問題が認識されている技術が1/3，あとの1/3は想定外技術であった．従って鴨宮試験線は絶対に必要だった，とは当時を知る人の言である．事実，排障器強化や，耳ツン対策としての気密構造車体の開発などその一例と言える．

未経験の気密構造車体では，仕切扉を挟んで気密差が生じ，扉が開かなくなる，汚物タンクの汚物が噴き上がる，などの深刻な事故が開業直後から発生した．気密幌の開発とトンネル内換気停止で当面は収まったが，トンネル内換気可能な連続換気装置が山陽新幹線延伸時に開発され，気密問題は完全解決を見た．

安全の要ともいえる台車設計では，蛇行動防止と曲線走行性能の向上を両立させる軸箱支持装置を開発した．万一の車軸折損に備え，図5のように

軸箱頭部に設けた角を台車枠に挿入し，車軸折損時でも脱輪しないようバックアップをとった．

電気品では主電動機出力が決まらないと他の電気部品の設計にかかれない．しかし，200km／h走行時の走行抵抗計算式など世界にもない．こだまの高速試験などにより類推し，試作車輌では170kWと決め，他電気品の設計を行い，量産車では185kWに改良した．パンタグラフすり板は目標の5,000km走行が達成できず，鉄系65％，銅系35％の混用使用で営業は開始された．

長大編成での試験走行はモデル線ではできなかった．そのため開業後，最も恐れたのがパンタグラフの挙動であった．この不安は的中し，開業後まもなく高速で移動するパンタグラフの離線が激しく，それに伴いスパークも発生し，遂には電車線もパンタグラフも破損する大事故が多発した．これは，試験線での試験が不十分であったこと，考え抜いた架線構造が必ずしも最適ではなかったことなどが考えられ，その対策には，学協会などの協力も得て，取り組んだ．

● **架線・パンタグラフ間問題解決**

パンタグラフが高速で集電していると，電車線には縦波が発生し，伝搬される．この時の速度を波動伝搬速度と称し，列車速度が波動伝搬速度の70％以上になると電車線は大きく変形し離線が急激に増大する．

波動伝搬速度は電車線を軽くし，強い張力で引張ることで大きくすることができる．そのため，

高速で走行する新幹線においては架線・パンタグラフ間の問題が山積しており，現在のような静かな新幹線に至るまで長い年月を費やした

図6：新幹線先頭形状

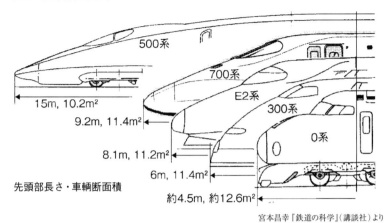

500系
15m, 10.2m²

700系

E2系

9.2m, 11.4m²

300系

8.1m, 11.2m²

0系

6m, 11.4m²

約4.5m, 約12.6m²

先頭部長さ・車輌断面積

宮本昌幸『鉄道の科学』（講談社）より

電車線中央に鋼を埋め込んだりして大きな引張力に耐えられるような電車線も開発された．結局は硬銅電車線により，多少重量が重くなっても1.5 t の高張力に耐えられるような電車線を用いたヘビーコンパウンド架線が開発され，パンタグラフの離線が激減した．離線が減れば，発生するアークも少なくなる．さらにパンタグラフ間を特高圧線で繋いでやれば，いずれかのパンタグラフが離線をしても離線をしていないパンタグラフさえあれば，アークの発生はなくなる．こうしてアーク発生源のパンタグラフを少なくできれば，そこから発生する空力音も低減され，騒音対策上もパンタグラフの削減

トンネル突入時騒音の低減を目指してさまざまな形状の先頭車が生まれた

は望ましい方策となるのである．

しかし，パンタグラフの削減は受電電流の増大となり，すり板の損耗が激しくなった．その解消策はすり板巾の増大であった．ところが，パンタグラフの削減に対する最大の問題は東海道新幹線に設置された誘導障害防止のためのき電箇所に設けられた電車線のセクションであった．パンタグラフ数を減らした場合，パンタグラフ間距離が増大してセクション前後の電車線がパンタグラフにより短絡してしまう．山陽新幹線は，セクションのないAT き電方式が採用されていたが，東海道新幹線では全線 BT き電方式であった．これがAT化されたのはJR発足以降であったため，折角の良案も国鉄時代には実現できなかった．

◉騒音・振動対策／転動音・構造物音対策

転動音は車輪がレールをたたいて生ずるレール振動が発生源で，速度の2乗に比例して大きくなる．転動音防止策は定期的なレール削正，車輪踏面研磨子による踏面清掃，重軌条化などである．構造物音対策はレール振動を遮断するためのバラストマット敷設などである．

・空力音・アーク音対策

空力音・アーク音は新幹線独特の騒音で速度の6乗に比例して大きくなるので高速化実現に際し最も重要な要素となる．空力音の発生源には，車体窓などの凹凸，集電装置のように大きく車体から飛び出しているようなものがある．先頭形状も問題ではあるが，400mに及ぶ列車表面の円滑化の方が，よほど問題としては大きい．防音壁による騒音の吸収も効果があるが，転動音，車体床下からの騒音防止には有効であるが，車体屋根の集電装置などの空力音対策には有効ではない．そのため，集電装置の削減は，アーク音対策とともに極めて効果的であった．

・トンネル微気圧波音対策

列車が高速でトンネルに突入するとトンネル内空気は先頭部に押され，押された空気が出口からパルス状に

飛び出して大きな騒音を発する．出口付近の人家ではガラスの破損に至ることもあった．

この対策は，地上側ではトンネル入口にフードを設置し窓を開け，空気の一部を逃してやり，圧力の急峻を防ぐことである．車輌側では先頭形状の断面変化率一定のまま，なだらかな流線形にすることである．スーパーコンピュータと低騒音風洞により各社独自の形状が設計された結果が，現在みられるお馴染みの形態になっている．様々な先頭形状を図6に示す．

・騒音低減策効果

新幹線開業時には騒音問題がこれほど深刻なものになろうとは思ってもみなかった．国鉄末期における技術研究所の最重要課題は騒音対策の確立であった．国鉄改革を前に研究者たちは，己の研究テーマを国鉄である間に完成させるべく研究活動は大変活発であった．しかし，かなりの部分はJR後になって実ったものである．騒音対策の成果は図7に示す如く，25m地点における騒音エネルギーの変化は開業時の90dB（デシベル）から75dB程度まで減少させることができた．

◉新幹線の成功要因

① 優れたリーダーを得，ターゲットが明確であった．そのため，縦割り組織の国鉄にあって全軍の足並みが揃った．

② 広軌（標準軌）別線により，在来線の規制に縛られない思い切った開発ができた．

③ 交流電化以降の電車技術の進歩

④ 全技術分野のレベルが同等であったため，足を引っ張る分野がなかった．

⑤ 航空技術との融合により先頭形状，車体軽量化が果たされ，蛇行動解明の基となった．

⑥ 現場の技術力が高かった．架線事故への電力区取り組みなど．

⑦ 継続的技術進化が悉くなされている．デジタルATC，連続換気装置，BTき電のAT化など．

◉おわりに

戦後国鉄は桜木町事故，洞爺丸および紫雲丸沈没事故，参宮線事故，三河島事故，鶴見事故と大事故に見舞われてきた．新幹線では幸い死者を出すような大事故の発生はない．国鉄では車輌の故障によって旅客列車を10分以上停車させると車輌事故1件とカウントされた．新幹線車輌の100万キロあたり事故率は0.015件以下である．新幹線は年間約50万キロ走行する．従って，6,600万kmほど走行して1件の事故が発生することになる．実に130年に一度の事故率となる．だからと言ってマンネリになるのが最も危険である．安全は輸送業務最大の使命である．今後も国の基幹インフラとして，その使命を果たしていってほしいと念ずるものである．　　　　（丁）

図7：新幹線騒音低減の経過

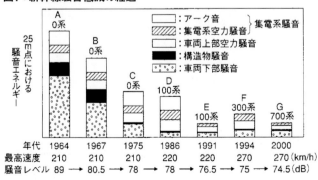

□：アーク音
▨：集電系空力騒音 ｝集電系騒音
▤：車両上部空力騒音
■：構造物騒音
⦂：車両下部騒音

25m点における騒音エネルギー

	A 0系	B 0系	C 0系	D 100系	E 100系	F 300系	G 700系
年代	1964	1967	1975	1986	1991	1994	2000
最高速度	210	210	210	220	220	270	270 (km/h)
騒音レベル	89	80.5	78	78	76.5	75	74.5 (dB)

防音対策

A→B　防音壁設置
B→C　バラストマット、レジン製踏面研磨子
C→D　レール削正、220km/hへ速度向上
D→E　100系車両低騒音化、パンタカバー、特別高圧母線引き通し
E→F　300系（270km/h）、車両上部平滑化
F→G　500系（270km/h）、低騒音パンタ＋碍子覆い
　　　700系（270km/h）、低騒音パンタ＋碍子覆い＋2面側壁

宮本昌幸『鉄道の科学』（講談社）より

鉄道模型クリニック

なにかと独りよがりになりがちな鉄道趣味において，技術やセンスの卓抜したモデラーや実物の研究家，鉄道の現場や製造現場で活躍したエキスパートのはなしを聞くことができるのは貴重な経験だろう．模型工作から実車，海外までバラエティ豊かな24講座が3日間にわたり開催された．彼らの講座を間近で聞ける90分（久保田さんは120分）はどの教室も熱気を帯びていた．その一部をご紹介したい．

シルバーロコの想い出を自作の9600に託して　1977年4月号（No.346）
少年の頃，心に焼き付いた1輌の蒸気機関車のモデル．それは鉄道博物館（神田・万世橋）の中央ホールに展示されていた銀製の9600のモデルであった．あれから三十有余年，思いがけずも博物館の倉庫の中で再会した9600，まぎれもなく懐かしいシルバーロコであった．想い出と，さまざまな感慨を込めて16番9600の製作が開始されたのである

TMSを飾った蒸機たち

キットメーク前夜の自作蒸機模型
講師：久保田 富弘　8月19日（土）第2限教室3

第22回国際鉄道模型コンベンションでは，3日間を通して24テーマものクリニックが公開されましたが，初の試みとして，2枠連続の大型企画となったのが，久保田富弘さんによる講演「TMSを飾った蒸機たち －キットメーク前夜の自作蒸機模型－」です．長年，総理大臣官邸写真室での重責を担いながらの趣味生活を，時にはユーモアを交えながら語っていただきました．超満員の教室で3時間にわたった熱いクリニックの片鱗をご覧あれ！

※当記事は『鉄道模型趣味』2023年11月号（No.982）に掲載されたものを一部抜粋，再編集したものです

91歳とは思えない熱弁を振るわれる久保田さん

■ 暫し模型断ちをしなさいと…

TMSとの最初の出会いは，まだあちこちに焼け跡が残る昭和23年春のことでした．上野御徒町駅近くに，それこそバラック建ての小さな模型店が開店し，ポニーモデルと言いましたが，そこで2号を買い求めたのが最初です．価格は20円．そして偶然にもその場におられたのが何と山崎喜陽主筆でした．店主から「この方が編集長です」と紹介され，まだ高校生だった私はたいへん恐縮したのを昨日のことのように憶えています．とにかくこの時の出会いが，模型のみならず，その後の人生を大きく変えたといっても過言ではありません．

　今でも深く心に残っているのが山崎主筆の言葉です．共同通信社，東京新聞社を経て，私は1968（昭和43）年に総理大臣官邸写真室の創設に関わることになりました．時はまさにヨン・サン・トオのまっただ中．実物の蒸気機関車も大きな転機を迎え，自身の模型製作もまさに脂の乗った時期でした．ところが，すでに親しくお付き合いさせていただいていたTMS山崎主筆のひと言が，その後の人生を方向づけることになります．曰く，たいへんな重責を担ったのだから，暫し模型断ちをして仕事に没頭しなさい…．その言葉を肝に銘じ，新設した総理大臣官邸写真室の仕事に専念し，以後は2000年の夏，沖縄サミットの主催国公式カメラマンを契機に退任するまで，佐藤総理から小渕総理まで16人の歴代総理の公

私にわたる写真記録に従事しました．ことに1983年のレーガン大統領来日の際，中曽根総理が自らの日の出山荘に招いてのツーショットは広く世界に知られることとなり，まさにカメラマン冥利に尽きる思いでした．それもこれも，あの時の山崎さんのひと言があったからこそと，今でもありがたく思っています．

昭和23年，最初に買った2号

写真：久保田 富弘

田中角栄総理大臣（1972年9月）
もともとお酒の強い田中総理だが，さすがに茅台酒の中国式乾杯の連続に最後は酩酊．会場を出る時には立てなくなってしまい，周恩来首相が背中を支えてくれている．日中関係に波風が立っている今となっては懐かしく思い出される友好の一枚．なお，こういった公式撮影の場でもカメラマンが首脳の背後に回れることはセキュリティー上極めて稀で，総理外国訪問随行120回に及ぶ久保田さんだからこその一枚でもある

■ 誌上発表は11回

昨年のTMS創刊75年記念連載「私とTMS」（2022年4月号／No.963）でも触れましたが，私の作品が初めて誌面を飾ったのは1949（昭和24）年3・4月号（No.11）でした．ライオネルのカタログに触発された0−6−0のアメリカ型スイッチャーなんですが，これは実はSゲージ（1：64・軌間22mm）です．なんでSゲージなのかというと，ちょっと面白い背景があります．当時，機藝社（のちに機芸出版社に改名）は現在の世田谷区祖師谷ではなく，御茶ノ水駅に近い鉄道模型社の店内に間借りしており，自宅から近いこともあってよく立ち寄っていました．ある時，山崎編集長が3線のOゲージのB型電機を手にしながら私に，「これからの鉄道模型の傾向は小型になってゆくだろう…」だから君も一気にHOへの転向は無理にしても，差し当たって中間に当たるSゲージをやりなさいと勧めてくれたんです．そこで0番用モーターをたいへん苦労をして縦型に改造して作ったのがこのスイッチャーという訳です．なんとも時代を感じる逸話ですが，とにかく初めて掲載された11号の目次に「山崎喜陽，中尾 豊，久保田富弘…」と並んで掲載されたのが嬉しくて嬉しくて，一生忘れられない思い出です．

その後，十年以上経ってからD51，続い

教室いっぱいの参加者で熱気に包まれたクリニック会場

て8850と掲載されたのですが，驚いたのは8850です．なんと英国の"MODEL RAILWAY NEWS"誌に紹介されたのです．欧米にも深い繋がりを持っていた山崎さんが記事の要約を送ったのだと思いますが，いきなり海外便で英国誌が送られてきて，開いて見ると自分の作品が出ているのですから，それはそれはびっくりしました．紹介文の冒頭で，3.7mmスケール16.5mmゲージの2線式モデルと解説されていたのも面白かったですね．

久保田さんの誌面登場は合計11回．そのうち9回には，異例のことながら，いずれも山崎主筆自らが寸評を加えており，ここではその一文をできるだけそのまま再掲した．　（TMS編集部）

■TMSを飾った久保田作品

機種	初回掲載号	通巻
アメリカ型スイッチャー	1949年3・4月号	11
D51	1961年9月号	159
8850	1962年8月	170
東武ネルソン63号	1963年10月	184
C54	1965年2月	200
9150	1967年8月	230
十勝鉄道ナロー	1970年8月	266
9900（D50）	1972年10月	292
9600	1973年6月	300
輸出用アメリカ型蒸機群	1975年5月	323
9600	1977年4月	346

※輸出用アメリカ型蒸機群は評論

鉄道模型趣味
Hobby of Model Railroading

D51
1961年9月号（No.159）

本誌11号にSゲージのアメリカ型蒸機を発表したことのある作者が，十年ぶりに再開しての第一作が，このD51である．一見シュパーブラインのD51かと思わせる出来栄えを示している．従台車などの難点があるとはいえ，ブレーキやキャブ下部分など，シュパーブラインのD51をしのぐディテールを持ったロコである．

159　9月号　SEP. 1961

鉄道模型趣味
Hobby of Model Railroading

8月号

国鉄8850テンダー機関車
1962年8月号（No.170）

昨年9月号の口絵で紹介したD51に続く第2作がこの8850である．すぐれたクラフツマンシップがうかがえる．むしろ戦前派的な味をそなえた秀作で，すっきりと，且つがっしりと仕上がっている．あまり模型化されたことのない8850のモデルと云う点でも記念すべき存在と言えよう．

170

写真：久保田 富弘

東武鉄道63号機　1963年10月号（No.184）
東武鉄道に余生を送る明治の花形機関車ネルソン機．これは作者永年の念願をみのらせた東武のネルソン63号機のモデルである．往年の端正な風格と，生き永らえた古典期の表情を的確にとらえた作品といえよう．モーターはテンダー内に装備し，動輪は軸バネ可動，イコライザーを介して先台車にも弾性を持たせている

■ 思い入れ深いネルソン63号機

次に手をつけたのが東武鉄道のネルソン63号機です．製作に着手した1962（昭和37）年当時の東武鉄道ではネルソンやピーコックの２Bテンダーがまだ現役で，まさに実物を間近に観察しながら模型を製作できる

素晴らしい時代でした．この63号機はとりわけ思い入れが深く，模型が完成した1963（昭和38）年にはついに廃車になってしまいましたが，それだけに一層愛しさが募ります．

模型はテンダーモーターからユニバーサル・ジョイントを介して駆動しているのが

特徴で，今でもなんのストレスもなくスムーズに走ります．

このネルソン63号機は山崎さんもたいへん気に入られたようで，1974（昭和49）年に平野和幸さんと二人の作品をまとめた作品集『蒸機を作る』の表紙でも，印象的なシルエットとなって登場しています．

国鉄9900　1972年11月号（No.293）
練達のスクラッチビルダー久保田氏久々の大作9900．フレームをはじめ既製パーツをかなり利用しているが，すぐれた工作力と感覚によりプロトタイプの重厚な味を見事に表現している

C54 16
1965年2月号（200号特別号）

初期のC51キットをベースにして誕生したC54である．いわゆるキット加工とはちがい，主要部分で残っているのは，台車枠やボイラー本体ぐらいしかない．製作期間は足かけ５年．もはやキット云々は問題外とさえいえよう．秀抜の工作力が，すみずみに及んでいるのである．テンダー内に小型スピーカーを入れた，レールサウンドシステムにも注目していただきたい．

9600
1973年6月号（300号特別号）

これは珊瑚模型店の9600を徹底的に加工・改造した作品である．元のキットと根本的に違うのは，網目板のランニングボードを廃し，リベッテイングした板にはりかえた点であろう．同時にエアータンクも中央部に移してある．又主台枠に相当きつめのウェザリングをほどこしてあるのも見逃せない．

■ 未塗装の9150

ネルソン63号機に続いて，ほぼ2年毎にサウンドシステムを組み込んだC54，そして9150を完成させました．なかでも9150は自分で言うのも何ですが渾身の一作で，ドームだけでも半年かかって何回も作り直しています．この機関車はいかにもトレビシックらしい実に美しい形態で，ドームはもちろん，チムニーキャップやキャブの曲線，ステップの形状に至るまで惚れ惚れします．テンダーのチューリップ状に開いた上縁もそのひとつで，これを再現するために，これまた何回も作り直しました．結果として納得のいく物ができたのですが，そうなると塗装してフィニッシュするのがもったいなくなってきてしまいました．ご存知のように山崎さん率いるTMSは，塗装まで終えて作品は完成するというスタンスですから，未塗装のものはあくまで未完成．さすがに表紙にこそ使われませんでしたが，異例ながら未塗装の製作記事が1967年8月号（No.230）に掲載されました．

これが最初にお話しした総理大臣官邸写真室の創設直前のことです．以後，暫く模型工作からは遠ざかることになり，誌上に復帰したのは3年後の1970（昭和45）年8月号です．ただこれも軽く作ったナローのCタンクと客車で，本格的な工作は5年後の9900（D50）までブランクがあります．

1973（昭和48）年には珊瑚模型店が9600のキットを出すというので私も少々お手伝いしまして，小林社長との「9600だから9600円だ！」などという冗談から価格が決まったのも今となっては懐かしい思い出です．

国鉄9150形テンダー機関車 1967年9月号（No.231）

久しぶりに誌上に登場した久保田氏の力作である．明治の日本製コンソリ9150のモデルで，例によって丹念な工作とすぐれたアイディアが見事に結集，この作者ならではの風格ある作品になっている．先号と本号に詳細が紹介されているが，火室内に収めたモーターの装架法や伝動機構，それにキャブ内のディテールが第一の特徴

写真：久保田 富弘

■ 忘れたくない模型らしさ

前進・後進でラジアスロッドの位置が自動的に替わる機構や，C54の際は当時まだ珍しかったサウンドシステムをテンダーに組み込んだり，いかに実物に近づけるかも大きな課題でした．ただ，その一方で限りなく実物に近づければそれで良いのかというと，私は違うと思います．模型には模型のアイデンティティーがあり，いわば模型らしさがなければいけません．ですから省略

C54で初めて採用したラジアスロッドの前後進自動可変機構

すべきところは省略する，誇張したい個所は誇張するといったメリハリが不可欠です．例えばボイラーバンド．通常はエッチングで表現されているかと思いますが，私の作品はすべて極めて薄い真鍮帯材を巻いてハンダ付けしています．ちょっと表現がオーバーかと思われるかもしれませんが，塗装してみるとこれがちょうど良い．リベットもそうです．実物と同じ数だけ打つのではなく，強調したいところと軽く見せたいところは分けて表現します．

あと動輪のロッドピン．今ではマイナスネジの頭を隠すパーツが出ていますが，私はあえてマイナスネジが露出したままにしています．鉄道模型は走ってこそ鉄道模型です．動かさないと意味がない．そして走らせるにはいつでもメンテナンスしなければならない．だからこそいわばこういった機能部品はそのまま露出させておきたいのです．単に実物が1：80にスケールダウンしたのではなく，模型らしさも大切にしたいと思っています．

写真：久保田 富弘

ディテーリング，塗装，ウェザリングのテクニックの数々を披露！

電気機関車のウェザリング技法

講師 熊岡 正之
【8月19日】第2限教室1

縮尺1：80・ゲージ16.5mmで主として完成品やキットの加工による車輌作品を手がけ，今回のコンベンションの特別展示"模型に見る電気機関車たち"にも出品された工作派モデラー，熊岡 正之さんによるクリニック．テーマは電気機関車で，ディテーリング，塗装，そしてウェザリングのテクニックが披露された．

熊岡さんは実物の鉄道車輌が好きで，ご自身が見た時の印象を的確に再現することを心がけている．クリニックのメインとなったのはTOMIX製品，JR貨物EF210・新塗装・PS22搭載のプレステージモデルをベースとした近作を題材に，構想から完成に至るまでの過程．実物の取材，製品の分解と洗浄，ディテール工作，組立と並行した塗装やウェザリングなどの手順を，モニターに写真を映しながら分かりやすく解説した．

また，お勧めのツールやディテール部品，出来上がったモデルの運転を楽しむレンタルレイアウトの紹介もあったほか，電気機関車の作品11輌もクリニック会場に展示され，間近で見ることができた．

熊岡さんの作品，"日本海"牽引の電気機関車4輌

熊岡さんがモニターを使用して技法を説明．ノートパソコンを操作しているのは，アシスタントの花岡 孝宜さん

ご自身で撮影されたEF210-109．本機をモデル化の題材に選んだ

実物のEF210を取材した際の写真から3点．普段見ない角度もしっかり押さえている

左が加工前の製品，右が加工により実物さながらの姿となった作品

製作途中の写真から2点．最初のステップである分解と，台車への手歯止め追加

完成したEF210-109．実物を見た時の印象が見事に再現され，これをレイアウトで運転するのはまさに至福！
写真：松本 正敏（10月8日撮影）

クリニック会場に展示された熊岡さんの作品群

屋久島の森林鉄道

講師 岩成 政和
【8月20日】第2限教室3

九州の最南端，佐多岬の南南西60kmに位置する屋久島は，沿岸部を除き屋久杉が茂る国有林である．この島に4つ存在した森林鉄道のうち，21世紀はじめまで木材輸送を続けた安房森林鉄道が本クリニックのテーマ．同森林鉄道の最初の区間は，ちょうど100年前の1923年に開業した．

プレゼンテーションは屋久島の地理や歴史の紹介から始まり，写真と資料による安房森林鉄道の詳しい解説へと続いた．鉄道による木材輸送は2009年に終了したが，末期の運転シーンを記録した写真は圧巻であった．現在も電力関係や，登山道のトイレのし尿や備品の輸送のため運行されており，その状況も紹介された．さらに屋久島へのアクセスや現地の宿泊など，現地を訪れる際に役立つ情報も充実していた．

屋久杉の自然林は1981年以降段階的に全面禁伐となったが，その後も2009年まで土埋木の鉄道による運搬が続いた．写真は運材台車に積み込むところ．2008年1月撮影

酒井工作所製のディーゼル機関車が運材台車を従えて山を登る．　　　　　2008年1月撮影

木材を積んだ運材台車は重力で麓へ下り，ブレーキをかける係員が乗る．　　2016年12月撮影

モニターには貴重な写真や資料が次々と映し出された．

現況の写真から．線路の脇に朽ちた機関車がある

登山道トイレのし尿や備品の輸送が，現在も不定期で続いている

会場に掲示された地図．屋久島は周囲が約130kmで，架橋のない日本の島で6番目の大きさである

現存する車輌の写真から3点．左は安房森林鉄道生え抜き，1960年酒井工作所製の4.8tディーゼル機関車．中央は1974年堀川工機製，屋久島電工所有のモーターカー，右も屋久島電工所有のモーターカーで名目上1999年北陸重機製だが，堀川工機にOEM発注したようである

日本を走ったオリエント急行

講師 佐々木 直樹
【8月18日】第1限教室2

日本でのオリエント急行の運転が
終わって間もない1989年4月に
佐々木さんが出版した写真集

1988年10月から12月にかけ，世界的に有名な豪華列車"オリエント急行"が日本の鉄路を走るという，前代未聞の出来事があった．講師の佐々木 直樹さんは各地でこの列車を精力的に撮影し，写真を鉄道誌に発表したほか，1989年に写真集『ORIENT EXPRESS IN JAPAN』を出版した．

　クリニックの冒頭で，この特別な列車運行が実現するまでの過程が解説され，そのあとは各地で撮影した写真をモニターに投影しながら当時のエピソードが語られた．さまざまな機関車に牽引されて本州，北海道，四国，九州の路線を駆け抜けた，夢のようなシーンが甦った．

2ヵ月あまりにわたってオリエント急行
を追った日々のことを，まるで昨日のこ
とのように語った講師の佐々木さん

九州に乗り入れ，交流電気機関車ED76が牽引．
1988年12月3日　鹿児島本線 海老津〜教育大前

北海道の大地を行く．
1988年10月26日
室蘭本線
北舟岡〜伊達紋別

日本での運転のラストを飾り，ロイヤルエンジン・EF58 61の牽引で終着の上野を目指す．
1988年12月25日　高崎線 本庄〜岡部

造ってみよう 線路際のアクセサリー

講師 西村 慶明
【8月18日】第1限教室3

コンベンションでおなじみとなっている西村 慶明さんのクリニック，今回は"線路際のアクセサリー"というタイトルで，取り上げたのは廃車体がある情景．"ダルマ"と呼ばれる，台車を外した車体が地面に置かれたもので，ご自身がかつて見た木造車体をイメージした作品を題材とし，さまざまな技法が披露された．また，廃車体がある情景のイラスト作品も持ち込まれ，間近で見ることができた．

メインの題材とした，木造の電車と貨車の廃車体があるジオラマ

左のジオラマは展示台を兼
ねた木製ケースに収まる

廃車体がある情景のイラスト作品も展示された

DCCサウンド入門

講師 開発 崇元
【8月19日】第1限教室1

テーマは鉄道模型の運転をより楽しくする DCCサウンド．講師の開発 崇元さんは DCC関係の商品開発や販売，取付加工を 行うショップ，"レイリズム"を主宰して いる．クリニックは"DCCはどのようなも のか，実際にやるには何が必要か"といっ た基礎から始まり，商品開発の過程の紹介， 自社製および他社製で推奨する商品とその 取付要領の解説へと進んだ．また，Nゲー ジおよび縮尺 1：80・ゲージ16.5mmの車輌の デモも行われ，実物さながら のサウンドを奏でながら走る 列車の魅力を実感した．

Nゲージの京急 2100系が通称 "ドレミファ・イ ンバータ"の実感 的なサウンドを奏 でるデモ走行

モニターにさまざま な資料を投影しなが らクリニックが進んだ

DCCサウンド製作の実際

サウンド商品開発 の流れを示した図

各種形状，サイ ズのスピーカー も展示された

CAD鉄 Meetup vol.4 3Dモデリング講座

講師 斉藤 正宏
【8月19日】第3限教室2

3Dプリンターで鉄道模型を楽しむことを 目的とし，2014年に発足したコミュニティ "CAD鉄"がコンベンションのクリニック に登場．モデラーによるプレゼンテーショ ンや交流の場となる"CAD鉄 Meetup"の 第4回"CAD鉄を始めよう！3DCAD超入門 講座"を会場で開催したものである．

CAD鉄を主宰する斉藤正宏さ んがMCで，モデラーやショップ によるプレゼンテーションが行わ れた．3Dを用いた技法の解説や 作品の発表など内容は多彩で，会 場にはこの分野に関心のある人が 多く集まった．

モデラーやショップによる6つの プレゼンテーションで構成された

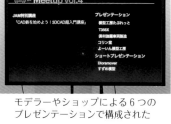

MCを務めた斉藤 さんはCADを用 いた鉄道模型に 関するイベント の企画や講師な どで活躍中

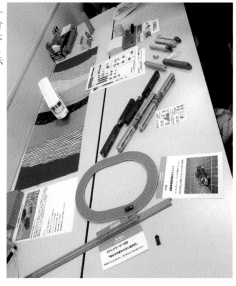

プレゼンテー ションで紹介 された3Dによ るモデルが， 会場内に展示 された

Nゲージ車輌の製作技法

講師 松岡 秀樹
【8月20日】第1限教室1

Nゲージ車輌で数々の作品を手がけてきた モデラー，松岡 秀樹さんによるクリニッ ク．市販の完成品やキットをベースにディ テール追加や改造などをする技法が，モニ ターに投影した写真や資料を用いてわかり やすく解説された．

工作の実演もあり，作 品のサイズが小さいの で，カメラで拡大してモ ニターに映すのが効果的 であった．また，松岡さ んが手がけた20の作品が 展示され，参加者はクリ ニック終了後に近づいて 熱心に見入っていた．

展示された多彩な作品群．いずれもディテール工作，塗装 とウェザリングにより，実感的なモデルに仕上がっている

モニターに拡大して映 しながら，工作を実演

鉄道模型のちょっと深い楽しみ方

講師 水沼 信之（司会）
【8月20日】第1限教室2

メーカーの方々を招いて毎年開いているシリーズ，今回はモデラーも加わって一層多彩になった．最初は，Nゲージのカプラー規格化について，前回までに参加者とともに討議した内容に基づいてまとめた，メーカーへの要望内容が示された．続いてIMONとKATOがサウンド関連の新製品を，デモ運転を交えて紹介．そのあとはNゲージ車輌で室内を精密に再現しているモデラー，江添 和徹さんがテクニックを披露した．最後は鉄ちゃん倶楽部の蓮池 和憲さんと滝川 晃さんが，レイアウト製作技法などを解説．クリニック終了後，同倶楽部が出展しているレイアウト見学ツアーも行われた．

江添さんの作品，Nゲージで室内を精密に再現したナロネ20

モデル製作への思いを語る江添さん

左からIMONの宮代 博之さん，MCの水沼さん，KATOの関 良太郎さん．手前の線路でIMONのサウンドのデモを行った

鉄ちゃん倶楽部の滝川さん（中）と蓮池さん（右）がモデラー出展のレイアウトについて解説

KATOの菱田 惟之さんがサウンドボックスの新製品を紹介

国鉄旧性能電車

講師 宮下 洋一
【8月20日】第3限教室2

例年のコンベンションでおなじみとなっている宮下さんのクリニック，今回のテーマは"国鉄旧性能電車"．冒頭でご自身の鉄道趣味や手がけた出版物の経歴を紹介したのに続き，本題に入っていった．まず，これまでの出版などで発表できなかった秘蔵写真を，自身の撮影と所蔵のものをあわせて披露．続いてKATOの関 良太郎さんが加わり，飯田線の電車について時代による形式の推移や，模型製品について紹介された．そのあとは電車の進化の歴史や走行メカニズム，旧性能独特の床下機器について解説され，模型製作に役立つ内容であった．

会場に展示された宮下さんの作品．縮尺1：80・ゲージ16.5mmで，手前が飯田線の流電クモハ52，奥が元阪和電気鉄道の買収車クモハ20

電車に関し密度が高いクリニックで，参加者も熱心であった．マイクを持っているのが講師の宮下さんで，その右が関さん

宮下さんが手がけた電車の書籍は，コンベンション開催時点で19冊．その後も新刊が続いている

クモハ53000・001で見る偶数・奇数車の床下機器配置
下の写真2点：沢柳 健一

昭和40年代 東京の電気機関車

講師 関 良太郎
【8月18日】第2限教室2

KATOの関 良太郎さんが講師を務めたクリニックで，テーマは今から約半世紀前，昭和40年代に東京と周辺で見られた電気機関車．当時は都内にも多くの貨物取扱駅があり，山手貨物線や東海道貨物線（品鶴線）などを貨物列車が頻繁に走っていた．牽引機はデッキ付の旧型が主力で，現在の様子からは到底想像できないシーンを記録した写真が次々とモニターに映し出された．またKATOが発売したばかりのNゲージ製品，旧型電気機関車EF55の紹介もあった．

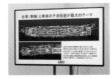

KATO製品EF55，カーブ走行に対応した台車の構造を解説

モニターに映し出されているのは，渋谷駅の山手線ホームから撮った山手貨物線

鉄道模型は走ってなんぼの世界

講師 戸枝 裕雄・鴨志田 敏行
【8月18日】第2限教室3

快調に列車を走らせるための線路や電気関係のテクニックを題材とした，戸枝さんと鴨志田さんによる恒例のクリニックが今回も開催．ポイントマシンの種類と特徴，レールへのフィーダーの付け方などが，長年にわたりレイアウト製作に携わった経験に基づいて詳しく解説された．ハンダ付けなどの実演もあり，会場内のモニターに分かりやすく投影して説明．会場にはゲージ16.5mmの線路を敷設したヤードの作例も展示された．

ポイントマシンの電気配線関係の工作実演．モニターに拡大して映している

講師の戸枝さん（左）と鴨志田さん（右）

これからの鉄道信号

講師 森貞 晃
【8月18日】第3限教室1

昨年に続き，信号メーカーの技術者が講師を務める，鉄道信号を題材にしたクリニックを開催．今回は信号のシステムを取り上げ，従来からの技術を紹介したうえで，日本および海外における近年の進化について詳しく解説された．"ATACS"や"CBTC"など，文献に名称が出て来る新しいシステムも，図解を用いた紹介によりよく理解できた．

講師の森貞さんはNゲージの趣味歴が長く，実物の撮影や乗車も楽しんでいる

鉄道信号の基本ともいえる閉塞の概念

新しい信号システム，CBTCを紹介

T-TRAKモジュール製作の注意点

講師 上野 徹・北野 謙一・植松 一郎
【8月18日】第3限教室3

規格を定めたモジュールを持ち寄ってNゲージの運転を楽しむ，T-TRAKのクリニックが今回も開催された．内容はモジュール製作に関することが主体で，100円ショップで買えるパネルの活用など手軽に楽しむためのアイデアの紹介もあり，これから始める人にも大いに参考になったことであろう．

T-TRAKの活動をしている3人の講師，左から上野さん，植松さん，北野さん

鉄道模型専用ではなく，一般向けに低価格で販売されているパネルを活用するアイデアも紹介

駅，駅舎，駅巡り

講師 田中 比呂之
【8月19日】第1限教室3

講師の田中さんは出版社で『日本鉄道旅行地図帳』などを編集した経歴を持ち，退職後も鉄道趣味を続けながら駅関係を題材とした出版に携わっている．クリニックでは，ご自身が特に強く関心を持つ駅を題材とし，駅舎をはじめとしたさまざまな写真や資料をモニターに映しながら，駅巡りの面白さを紹介した．

講師の田中さんは少年期から鉄道趣味を続け，仕事では鉄道関係の書籍やMOOKを数多く手がけてきた

モニターに写真，地図，配線図などを映しながらクリニックが進められた．これは駅舎に特徴がある函館本線の光珠内駅

真鍮蒸機工作四方山話

講師 本荘 裕二
【8月18日】第3限教室2

高度なテクニックで蒸気機関車のモデルを製作している本荘さんが，今回もクリニックに登場．メインの題材は製作を進めている縮尺1:80・ゲージ16.5mmの9600で，工作技法や自身で調査した実物の構造やディテールが詳しく解説された．また，OJ（縮尺1:45・ゲージ24mm）のC51も取り上げ，大スケールのメリットを活かした実物に近い構造の走行部などが大変興味深かった．

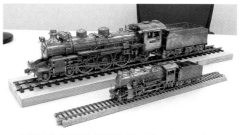

展示された9600（縮尺1:80・ゲージ16.5mm）とC51（縮尺1:45・ゲージ24mm）の作品

講師を務めた本荘さん

OJの魅力

講師 井上 栄一
【8月19日】第1限教室2

Oゲージの縮尺1：45でゲージを24mmとして日本の在来線を楽しむOJを題材としたクリニック．講師はOJの模型製作や運転を実践しているベテランモデラー，井上さんが務めた．製作や運転の様子を記録したビデオをモニターに映しながら解説するとともに，車輌作品も展示し，大スケールならでは迫力と実物さながらのディテールが印象的であった．

模型のサイズが大きいため会場に持ち込めた数は少なかったが，モニターで多くの作品が紹介された

展示されたOJ車輌．手前からカニ24，EF62，キハ22

時刻表ウラ話

講師 木村 嘉男
【8月19日】第2限教室2

JTB『時刻表』の元編集長，木村さんがクリニックの講師として登場した．テーマはズバリ"時刻表"で，鉄道開業直後に初めて時刻表が市販されてから現在に至る歴史を紹介．また，時刻表制作のプロセスや，ダイヤ改正時の苦労なども語られた．ちなみに，JTB時刻表は2009年5月に創刊1000号となり，2025年4月に100周年を迎える．

『時刻表』を作る立場の人の話を聞く機会は貴重で，意外な話が次々に出て来るクリニックであった

大正から令和に至る『時刻表』も会場に持ち込まれた

碓氷峠のシェルパたち

講師 椎橋 俊之
【8月19日】第3限教室1

北陸新幹線長野開業に伴い廃止された信越本線横川～軽井沢間，碓氷峠をテーマとしたクリニック．信越本線建設に際してのルート選定の経緯から始まり，アプト式での開業，電化，粘着化と推移する中での機関車や運転形態の変遷が，豊富な写真や資料を用いて解説された．ちなみに，碓氷峠が1997年に廃止されてから，すでに四半世紀以上が過ぎている．

クリニック参加者の多くは，EF63が活躍した碓氷峠を経験されたと思われる年代であった

講師の椎橋さんは鉄道OBへインタビューを含む取材を精力的に続け，数々の著作を発表されている

南満洲鉄道の蒸気機関車

講師 髙木 宏之
【8月20日】第2限教室1

終焉からすでに長い年月を経た今も，多くの人々に語り継がれている南満洲鉄道（満鉄）の蒸気機関車をテーマとしたクリニック．日本の本土と異なる鉄道の規格，在籍したさまざまな形式の特徴が解説された．多くの写真や資料がモニターに映され，特に図面や文書といった一次資料，工場など現場で撮られた写真が貴重で，参加者が注目していた．

機関車の研究に取り組み，多くの著作を発表されている講師の髙木さん

多くの貴重な写真や資料をモニターに映しながらクリニックが進められた

軸配置	形式	末尾区分	呼称
1C1	プレ	1	イ
2C	テホ	2	ニ
2C1	パシ	3	サ
D	ソリ	4	シ
1D	ミカ	5	コ
1D1	ミカ	6	ロ
(1D2)	（ラク）	7	サク
1E	デカ	8	ハク
1C2t	ダブ	9	ク
2B2t	〃	(10)	(チ)

満鉄独特の，カタカナによる形式呼称の一覧

1／80 真鍮蒸機の工作

講師 板橋 俊明
【8月20日】第3限教室1

縮尺1：80，真鍮製蒸気機関車の工作がテーマ．副題を“電化時代の蒸気機関車”とし，現役末期の国鉄蒸気機関車を製作する過程が語られた．前半では実物資料の収集方法，製作の際に便利な工具類，洋白や燐青銅などの素材の使い分けを解説．後半では最後の旅客列車牽引機，C57 135の製作過程が詳しく紹介された．

左は講師の板橋さん，右はアシスタントを務めた清水 寛さん

展示された作品群．いずれも高度なテクニックによりディテールが作り込まれている

製作中の機関車の下廻りも展示された

若手が語る古典列車の魅力

講師 谷川 雄介・風間 伊織
【8月20日】第1限教室3

クリニックのテーマは“古典列車”．年配の人が関心を持つ分野というイメージがあるが，タイトルの通り若手のモデラーが講師を務めた．古典と呼ばれるものは“なじみがない”“資料がない”“難しそう”とイメージしがちだが，輸入機各形式が個性的，小編成でもOKといった模型で楽しみやすい要素がある．豊富な写真や資料を紹介しつつ，そういった魅力が伝わってくる内容であった．

輸入古典機には，規格化が進んだ制式機では見られない多彩なバリエーションがある

講師はさまざまな機関車の模型を製作している谷川さん（左）とメーカーのIORI工房を主宰している風間さん（右）

1／150 表現の可能性

講師 田中 秀明
【8月20日】第2限教室2

クリニックのテーマはNゲージのレイアウト作り．講師の田中さんは中学生の頃に鉄道模型を始め，途中で約20年のブランクを経て再開した経歴を持つ．分割式レイアウト“中総鉱業鉄道”（一部は，機芸出版社のブースに展示）を製作した過程が，さまざまなテクニックと合わせて解説された．また，小型ジオラマの作品の展示もあった．

わずかなスペースながらストーリー性を持つ小型ジオラマ．タイトルは「さあ着きました」

レイアウト製作の工程を写真を用いて解説

C62 2のカスタム運用

講師 松本 謙一・藤井 良彦
【8月20日】第3限教室3

函館本線の通称“山線”におけるC62重連牽引の急行は，今も多くの人々に語り継がれている．そのC62の中で特別なスターであったツバメマーク付の2号機が，本クリニックの主役．松本さんが撮影した写真をモニターに映しながら，撮影時のエピソード，“スワローエンゼル”という呼び名が生まれた経緯などが語られ，車輌や列車の研究とは違う面白さがあった．

クリニックは講師の松本さん（左）とアシスタントの藤井良彦さん（右）によって，写真をモニターに映しながら進められた

松本さんが考えた呼び名をタイトルに付けた「“スワローエンゼル”C62物語」を発表した，『鉄道ジャーナル』1968年2月号

モデラー出展 前編

TSUKURIBITO 戸羽あゆみさんの新作，阪急京都線桂川橋梁モジュール（1:150　G＝9.0）．2.7mに及ぶ長大ガーダー橋はペーパー主体のスクラッチで，部材の切り出しにはレーザーカットを活用している．古くからの農地に堤防を追加した桂川の河川敷には野菜や宇治茶の畑が広がっており，その再現にも膨大なエネルギーが費やされた

HOスケールを楽しもう（HOJC）

Scale 1:87
12mm・9.0mmほか

1:87のHOスケール日本形を走らせて楽しむ愛好家の集まりHOJC．ファインスケールの拘りが特に強いジャンルだけに会員は西日本14名，東日本26名と広域にわたり，1998年のクラブ発足以来積極的に運転会を開催してきた．DCCなど電子制御を得意とするメンバーが多いのも特徴．

増原 一衛さんが製作した沙流内鉄道レイアウト．狭軌（12mm）と軽便線（9mm）が引き込まれた中継ヤードを作り込んでおり，草生した地面や線路の質感がウェザリングした車輌群と調和する．そうしたノスタルジーを漂わせる一方で，DCCによる自動往復運転や蒸機の発煙装置など新しい演出技術を積極的に実装．リアルな情景と電子制御の高度な融合を志向している

小菅 一己さんのHOナロー卓上レイアウト，山背鉄道和束線．気楽にすぐ運転を楽しめる環境をと10年ほど前に製作したもので，珊瑚製の沼尻鉄道DC12に自身が定める青塗装を施したフリーランスである．600×900mmのエンドレスに引込線1本のあっさりした配線だが作り込みは精緻であり，将来は12mmゲージの本線と接続する構想もある

チームおやびん

Scale 1:80
16.5mm・13mm

ペーパーモデラーの集団，チームおやびんの今年の競作テーマは"全国各地の個性あふれるワンマンカーを作ろう！"

単行や2輌編成でまとまる地方のワンマン列車は工作派には打ってつけの題材だ．

コンベンション会場で司会を務める伊藤 桃さんも，ベテランモデラーの指導を受けて見事にJR東海クモハ119形5100番代を完成させた

JR北海道737系・キハ143系・JR東日本205系・JR西日本105系…　全作紙製というパワーに圧倒される

昨年卒寿を迎えた加藤 勝司さんを慕って幅広い年齢層のモデラーが集う．世代を超えて交流できるのも鉄道模型の素晴らしいところ

『とれいん』誌2023年4・5月号でJR西日本103系3500番代を発表した田中 裕毅さん．作品製作と記事原稿執筆のフル回転もよき思い出となったようだ

凌宮鉄道
<small>しの みや</small>

Scale 1:150
9.0mm

電流波形をきめ細かく制御して車輌の駆動モーターを振動させ，ディーゼルカーのエンジン音を再現するユニークなサウンドシステムを昨年に続いて展示．2017年から改良を繰り返しており，フライホイール付きでない一般的な動力車であれば車輌側に特に加工することなく鳴らすことができるという．写真のキハ181系は賑やかなサウンドが出るよう中間車をすべて動力車としてみたもの．

制御基板を通してノートパソコンの画面に表示されたモーターの電流波形

Tsudanuma Indoor Railway

Scale 1:22.5
45mm

青木 佑一さんが自作Gゲージを今年も出展．EF58は2004年に製作し第5回JAMに出展したこともあるが，ペーパー製の車体は15年以上を経ても劣化がほとんどなく，マブチモーターとLGB車輪による足廻りも長時間走行に十分耐えるという．

上越線で運行された"SLみなかみ物語号"の電蒸牽引をイメージし，C62＋青大将EF58で再現した列車を走らせた．C62はディアゴスティーニの分冊百科『週刊 蒸気機関車C62を作る』に付属の部品を全冊揃えて組み立て，動力化した作品である

今回特に子供たちから人気を博していたのが青木さんの後ろで走行しているN700系電車．ビッグスケールの新幹線に多くの歓声が上がっていた

J国際鉄道クラブ

Scale 1:150
9.0mm

これまで東京国際鉄道クラブなど，いくつかの団体や個人の合同でJAMに出展していたメンバーが，今回から新たにJ国際鉄道クラブとして7人で再登場．新作にチャレンジをテーマに思い思いの卓上レイアウトを持ち寄った．

レイアウト製作3年目というクマ吉鉄道さんの新作は，春の小さな温泉街．滝を眺める露天風呂を主役に据え，その傍らを列車が駅にすべり込む情景を作り上げた．卓上エンドレスの半分を山で覆って立体感をもたせ，緑に包まれた温泉街の情緒を表現している

JAMに新作をとのクラブ方針を受け，Kの鉄道Lifeさんは「親父の悪あがき」と題して手持ちのレイアウトを解体し残材を利用した卓上レイアウトに仕立て直した．建設中の工事現場も入れることで途上感を演出．今年のJAMのテーマに合わせ電気機関車を多く持参して走らせた

狭軌の美学

Scale 1:80
13.0mm

1:80スケールの狭軌車輌をこよなく愛するプロトサーティーンクラブ，湘南鉄道模型クラブなど13mmゲージ愛好者の集まりに個人モデラーも加わったJAM出展のための合同チーム．実物の狭軌1,067mmが生むスケール感にこだわってきただけにメンバーは模型誌上を彩ってきた名人揃いで，電気機関車をメインテーマとした今年のJAMはまさに晴れ舞台といったところ．

メンバーの代表作を一堂に並べた作品展を開催．狭軌車輌を愛するゆえ国鉄をはじめとする電気機関車への情熱は皆人一倍．誌面で憧れた作品を直接見られる機会が多いのもコンベンションの大きな魅力である

レイアウトの一角に新たに作られたトラバーサー．ヤード内に敷かれた6本の直線路を電動で水平に移動させて転線できる．車輌工場でよく見かける施設だが，本線を走らせなくても省スペースで動きが得られ，アトラクションとしても好評だった

尾崎 由明さんはカツミ製16番EH10形を単に13mmに改軌するだけでなく全軸駆動化を敢行．さらに揺れ枕機構を組み込むことにより安定した走行性を確保した

横須賀鉄道模型同好会

Scale 1:80 16.5mm

広大な16番レイアウトを展開し，長編成列車を颯爽と走らせる老舗サークル．2011年から欠かさずJAMに出展しており，メンバーに工作派が多いのも特徴である．

編成ものを得意とするイメージが強いが，今年はJAMのテーマに合わせメンバーが腕を振るった"電気機関車"作品数十輌を一堂に展示した．特に既製品の少ない国鉄の古典機やユニークな私鉄電機をこれだけ揃えることができるのは，卓越したテクニックをもったモデラーが揃っていればこそ．会員の厚さを実感せずにはいられない．

かつて全国の私鉄で見られた貨物輸送ではその鉄道ならではの個性的な電気機関車が活躍していた．上信・岳南・小田急・相鉄・近鉄・秩父・南海，デッキ付きや凸形など模型として魅力的な形態だが，完成品の少ないジャンルであり，素材的なキットから工夫して仕上げたものばかり

ED54・ED14を筆頭に黎明期の輸入電気機関車群．個性的な姿態もさることながら鉄道模型社のエッチングキットに動力やディテールに工夫を凝らしたものが多く，1輌1輌が見応えのある作品である

50周年！ケー100が帰ってきた

Scale 等身大 フリースケール

初出展．尾田 尚嗣さんは1970年代に放映された子供向けテレビドラマ『走れ！ケー100』が忘れられず，6年前に主役ケー100の等身大レプリカを製作．これまで自動車趣味のイベントに精力的に出展してきたが，今回初めて鉄道イベントにエントリーした．

鉄道をモチーフにしたファンタジーのレプリカもまた一つの"模型"であり，当時を知る60代以上の来場者からは「懐かしい！」と共感の声があがっていた．

特撮ドラマ『ゴレンジャー』に登場した仮面怪人，機関車仮面のレプリカも製作してみた．原作は黒色だが，ケー100の余材の発泡スチレンボードで作ったため水色にアレンジしている

原作は炭鉱用蒸機を水陸両用車に改造して日本列島縦断の旅に出る，というストーリーだった．尾田さんは6輪水陸両用車MAXの足廻りに加工しやすい発泡スチレンボードで自作したボディを装架．このままエンジンを掛けて運転することも可能である

追兎電鉄株式会社

おう と

Scale 1:150
9.0mm

駅には分岐器や列車の在線に完全に連動する信号機を新設．信号が灯るとレイアウトは俄然生命感を帯びてくる

複々線上に設けられた「美久宮駅」と「追兎天神駅」の間を予めプログラムしたダイヤ通りに運転するという，DCCの可能性をフルに追求した本格レイアウト．複々線を走る列車はまるで運転士が操縦しているような滑らかさで加減速し，制限速度や停止位置を守って実物さながらの動きで活き活きと駆け回る．

3年計画で製作を進める2年目で，今年は信号を新設して情景もパワーアップ．関西からの参加だが，YouTubeを見て共感した視聴者が会場設営や運営に加わって，JAM出展を大いにエンジョイできたという．

これだけ多数の列車をたった一人で加減速をコントロールしてダイヤ通りに走らせることができる．まさにDCCならではの芸当で，20分サイクルで繰り返される実感的なプログラム運転にギャラリーは興味津々だ

TT9クラブ

Scale 1:120
9.0mm

Nゲージ用の9㎜軌間に縮尺1:120の車輌を組み合わせ，蒸気機関車など狭軌のスケール感を再現した新規格"TT9"の愛好者サークル．コロナ禍を挟み4年ぶりの出展である．このスケールは国鉄蒸機のほっそりとした足廻りの量感と，リアルな情景を作り込みたいモデラーに打ってつけで，その魅力をアピールすべく蒸機全盛期のレイアウトを持ち込んで展示運転を行っていた．

レイアウトは約13年かけて前回の出展でほぼ完成．今回はトンネル上部の樹木をリニューアルした．信頼性向上のため配線のリフレッシュなどにも取り組んでいきたいという

C57 201．TTは既製品の少ないジャンルだが，足廻りに共通点の多いC61形キットを改造して仕上げた作品

うみ電☆やま電

Scale 1:150
9.0mm

江ノ電と箱根登山鉄道．海と山が好対照な神奈川の二つの小私鉄をテーマに活動している"うみ電☆やま電"．

近年では箱根登山鉄道に力を入れており，まるで箱根の山がそこにあるような情感豊かなモジュールは，テーマを特化させた模型ならではのオーラを放つ．模型だけでなく各種グッズや実物部品もディスプレイされ，箱根登山愛いっぱいの賑やかなブースとなっていた．

小田急ロマンスカーが発着する箱根観光の玄関，箱根湯本駅は従来作ながらディテールアップを実施．1970年の改良工事で作られた名物のアーチ壁を忠実に再現するなど，地元ファンならずとも頷ける特徴を作り込んだ

現在製作を進めている宮ノ下駅モジュールも展示．基本的な造形を終えたところで，標高430m付近の崖地に建つ建物群は3Dプリンターで自作している．地形は実際の風景を忠実に再現しつつも，モジュールとしてのまとまりや凝縮感をもたせるためデフォルメも加えており，このように製作過程で微調整を繰り返しながら立体感を加減していくという

奥利根鉄道模型クラブ

Scale 1:150
9.0mm

高校時代の同窓同士で結成したサークルで，上信越のモジュール製作をライフワークとしている．

新幹線が開通するまで特急列車が行き交う大動脈だったこのエリアの在来線は，魅力的な自然風景の宝庫．昨年は既存モジュールのブラッシュアップやヤードに出入するアプローチ線を発表したが，現在は継続してヤード本体の建設に取り組んでいる．

上牧ー水上間，利根川沿いの諏訪峡モジュール．昨年奥行を増し，質感向上を施した作品で，オランダフラワーを使用した紅葉の木々，水表現にはクリスタルレジンNEOなど質感面でも大きく進化させた

高圧鉄塔と墓地前のモジュール．何気ない直線区間も地形の起伏を丹念に作り込み，鉄塔を据えることで立体感豊かな1シーンに仕上げている

13ミリゲージャーの集い

Scale 1:80
13.0㎜

13ミリゲージ同好会，湘南鉄道模型クラブの2団体に数名の個人モデラーも加わった1:80/13㎜ゲージモデラー18人の集まり．湘南鉄道模型クラブの越後 要介さんが製作した大形組立式レイアウトと，狭軌のプロポーションにこだわったメンバーの車輌作品が抜群の存在感を放つ．

実物の軌間1,067㎜が生むスケール感に魅せられて模型誌上で活躍してきたベテラン揃い．誌面で憧れた作品を直接見られるのもJAMの大きな魅力だ．

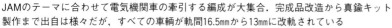

JAMのテーマに合わせて電気機関車の牽引する編成が大集合．完成品改造から真鍮キット製作まで出自は様々だが，すべての車輌が軌間16.5㎜から13㎜に改軌されている

しなのマイクロ真鍮キットの鉄道模型

Scale 1:80
13.0㎜

しなのマイクロ〜マイクロエースで一貫して製品づくりに活躍し，2022年2月に逝去された星野 徹さんを偲んで，故人が生前収集していた真鍮キットのコレクション約20輌を仲間内で形見分け．電気機関車をメインテーマとする今年のJAMで披露すべく有志が競作形式で腕を振るった．

およそ40〜50年前に発売された製品群だけに仕上げや走り装置には各自の個性が存分に発揮され，鉄道模型を心から愛した天国の故人も目を細めて喜んでくれていることであろう．

多くの車種が発売されたしなのマイクロの電気機関車だが，星野さんはEF65を最も多く所蔵していた．同社のキットは窓寸法のエラーや台車の砂箱が当たるなど一筋縄でいかないところも多く，障壁をいかに解決するかも競作の見せ場となった．各作のプロフィールは『とれいん』誌2023年8・9月号に掲載されている

North American Model Railroad Club
(NAMRAC)

広大な国土に重厚長大な貨物列車が走り，ダイナミックさにおいて日本とは一線を画するアメリカの鉄道．その世界観を1:87スケールで愉しんでいるのがNAMRACだ．ゆったりとした組立式レイアウトを行く長編成列車は圧巻．また運転のみならず車輌工作も盛んで，クラブ内競作という形を取って毎年新作を発表している．

レイアウトは直線を長く取った長大編成が映える造り．シンプルながら必要十分な情景の中に，セミトレーラーを積載したピギーバック（Trailer on flatcar，TOFCとも呼ばれる）列車をはじめ，新旧車輌が迫力の編成美を見せた

DM01
North American
Model Railroad Club
(NAMRAC)

メンバー間での競作コーナー．KATO，アサーン，MTHといった市販モデルをベースにハイディテール化や特定機の再現など手が入れられている．中には複数輌を切り継いでものにした労作も

HNモジュール東京クラブ

16.5mmゲージの単線モジュール規格 "HNモジュール" 愛好者のクラブ．全国に三つある同規格のクラブのうちJAMには東京クラブが出展した．

大きなスケールを生かして濃密に作り込んだモジュール揃い．自動運転を得意とし，エンドレスでなく終端駅のあるエンド・トゥ・エンド配線としているのもユニークだ．

神田川に架かる道路橋をモチーフに，鉄道橋としてアレンジした "矢ノ倉橋モジュール"．美しい下路式アーチ橋は木材とペーパーを主体とする自作で，リベットは真鍮線を埋め込んで表現している．製作は柳橋 健さん

ジュー
クラフ

工藤 道治さんのアメリカ型モジュール "Canyon Station" では象徴的な岩山の風景をスタイロフォームの削り出しで表現．西海岸某所をモチーフに製作中の駅モジュールも出展され，簡素なシーナリーやファーラー製自動車走行ギミックも備えるが，細部の作り込みは未だ道半ばとのこと．今後の展開も楽しみだ

IHTモジュール倶楽部
Scale 1:80 16.5mm

コロナ禍を挟んで久々に出展．今回は16.5mmゲージのモジュールに絞っての展示で，ゲーム用から改造した運転台型コントローラーを用いての運転体験も実施された．

モジュールはエンドレス4線のシンプルな造作ながら線路廻りにはシーナリーが表現され，車輌を引き立てていた．リーズナブルなプラ製車輌製品が普及してきたことでNゲージと16番を併行して楽しむモデラーも増えてきている

芝浦工業大学附属中学高等学校
鉄道研究部
Scale 1:80 16.5mm

中高一貫校である同校では，中学・高校鉄研には珍しく16.5mmゲージを採用．JAMでも常連校となっており，レイアウト上のストラクチャーは部員たちの手で徹底してスクラッチビルドされている．今年のシーナリーは「東と西」をテーマに，東京と京都・大阪の風景を対比させる形となっていた．

東エリアでは東京駅丸の内駅舎と東京タワー，西エリアでは通天閣と新世界の賑やかな街並みをペーパー自作．JAMテーマに沿った電気機関車展も行われた

Formosa Rail Club
（台湾鉄道）
Scale 1:150 9mm

台湾の鉄道を専門とするクラブ．以前の出展時からシーナリー付のモジュールレイアウトを有しており，もちろんシーナリーも台湾をモチーフとしたものである．今年も情景・車輌の両面でその世界観が表現されていた．

台湾高鉄700T型や"自強号"EMU300型などが勢揃い．情景モジュールも見所で，右は有名撮影地の三貂嶺駅付近をイメージした作品だ

岩崎学園 情報科学専門学校
Scale 1:80 16.5mm

IT関連の実践的な教育を行なう岩崎学園 情報科学専門学校．今回の出展は電子工作ゼミ所属の久一 友暉さんが卒業研究の一環として行なったもので，光センサーとリレーを用い，信号と連動した簡易的なATS制御が実演された．

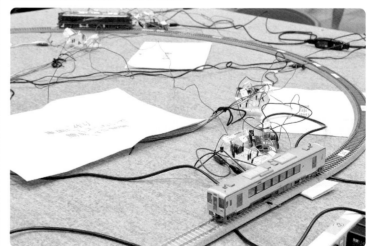

線路にはギャップを切って閉塞区間を設け，地上子として光センサーを敷設．先行列車に接近すると自動減速し一定以上の間隔が保たれる．また各所には信号機LEDが配置され，車輌の走行と連動．DC制御をベースとしているため車輌側に特別な加工を要しないのも特長である

多摩温泉電鉄

濃密な狭小レイアウトと，車長の短い自由形車輛を一貫したセンスで作り揃える大石晃さんの個人出展。"ゆるく古めで実物にとらわれることなく好きな風景をJAMで並べたい"と精力的に新作を発表し続けている。

今年はゲストモデラーを招いた日替わり展示コーナーも用意され，そちらでも個性豊かな作品群が華を添えた。

アクリル製の鏡にスモークフィルムを貼り，田植え直前のくっきりした無風の水鏡を再現した水田モジュール

近作は桜咲く神社の門前をゆく直線路のモジュール。種まきに備えて整然と畝が立てられた畑は，クッション封筒（内側まで紙製のタイプ）を切り開き貼り付けたもの。リアルな質感を求めて自由な発想が楽しい

『鉄道模型趣味』誌757号掲載の故・小林 信夫さんのイラストを基に立体化したレイアウト。製作はゲストの角田 剛史さん

ゲスト潮見さん製作の架空鉄道モジュール。緑色に濁った川は波表現も実感的

Gezellig Spoor ―心地よい鉄路―

7年間の欧州生活の思い出を"彩り"を添えつつ製作を続けている藤尾 徹さんのモジュール群。全周にわたり架線を張り，列車のパンタグラフが架線に接しながら走行（集電はせず）させる実感にもこだわっており，今年からは自筆の背景画も設置されていっそう雰囲気が高まった。

今年の新作は可動橋モジュールである。

空港の地下トンネルを抜けた複線の本線の先には，運河を跨ぐ可動橋が。すべて自作であるのはもちろんのこと電動機構を仕込んで跳ね上げ可能にしてあり，魅力ある鉄道施設をアトラクティブに組み合わせて楽しいレイアウトに仕立てている

LED照明，ダミーながらしっかり張られた架線など丁寧に作られたモジュール群。昨年発表した鉄道連絡船はイタリアのメッシーナ海峡のフェリーがモデルで，ブースのよきアイコンだ

零番三線式の会

Scale 1:45 32.0mm

ノスタルジーあふれる交流3線式Oゲージを専門に楽しむサークル．かつての普及製品も今やヴィンテージモデルとなっているが，年季ものをレストアして美しく甦らせ，古き良き時代の大形模型の迫力をたっぷりと感じさせてくれた．

レイアウトに居並んだ往年のスターたち．中央のクモユニ81はかつてのO製品のラインナップにはなく，当時物のブリキ製前面と真鍮自作のボディを組み合わせた作品である

ブースには一面に畳が敷かれ，可愛らしいちゃぶ台も置かれて"お座敷運転"のイメージが演出された

新幹線走らせ隊

Scale 1:160 9.0mm

数百輌に及ぶ新幹線・高速列車のコレクションを一堂に展開するNゲージャーの集まり．レイアウトは一見市販の組立式線路に見えるが，曲線部には自作した約1,000Rの大径カーブが組み込まれており，新幹線らしい高速の走行シーンを楽しむことができた．

マニアックな新幹線事業車911・921形は3Dプリントキットから製作．大径カーブ線路ともども津島 誠一さんの作品だ

世界の高速鉄道の規範となった新幹線は私たち日本人の誇りである．古今東西の歴代車輌がレイアウトを疾走する

MOMO鉄道模型クラブ

Scale 1:80 16.5mm

初出展．"好きなコーヒーを飲みながら鉄道模型を走らせて眺めていたい"と，プログラミングで自動走行する独自の制御システムを製作して楽しむサークルである．ポイントが多数敷設された3m弱の短いモジュールを，複数の列車が決められた順序で転線しながら複雑に往来．直流2線式ながら自作の制御回路（PLC）を製作し，加減速や進路切替を全自動で行うことができる．

位置検知を除いて線路や車輌は直流2線の16番完成品（KATO・天賞堂など）をそのまま使用．分岐器や列車通過に合わせて信号器も作動する．加減速はスムーズで停止位置も正確だ

NPO ナナツホシ

Scale フリー 1:150 9.0mmほか

東京都足立区で子供たちに鉄道を通したさまざまなものづくり体験を提案し，将来の夢を育むことをテーマに活動しているNPO法人．普段は地元竹ノ塚でプラレール，Nゲージ体験運転，ペーパークラフト，簡単なプログラミングを使ったモジュールキットの運転などを行っている．Nゲージ体験運転は同時に6人が走らせることができるため親子連れから絶大な人気を呼んでいた．

Oゲージ近似サイズのモジュールキットBridger（ブリッジャー）と，そのBridger機関車にメンバーが自作した東武鉄道などのペーパークラフトを被せた作品群．Bridgerはスマートフォンに入れたアプリからWi-Fiで乾電池内蔵の動力車を電子制御する独自規格を採用している

Nゲージ体験運転．夏休み最高の思い出だ

自由環状線（北急・鈴鉄）

Scale 1:150
9.0mm

Nゲージのモジュール・セクションレイアウトを主体としながら，その名の通り自由自在に張り巡らされた線路がユニークな自由環状線（北急・鈴鉄）ブース．大掛かりなモジュールは発案したメンバーを中心に合宿形式で製作しており，主要なストラクチャー類は多くがペーパー自作である．

上野駅13・14番線（米田 淳一さん）は昨年の出展からブラッシュアップして再登場．ホーム端にあるカフェなど，目線を下げて覗き見るためのアイポイントも各所に設けられている．列車の走行はトミックスの新制御システムTNOSをフル活用しており，モジュール間を結んで高度な自動演出運転を行う

みづかぜ号さんは2030年代に小田急線に開業予定の新駅 "新伊勢原駅" を早くも模型化．実物はまだ検討段階だが，全体を大屋根で覆い，足湯やカフェ，大形コンビニなど自身の理想も盛り込んでみた

トレインさんは同じ小田急線でも実在の和泉多摩川駅を製作．都心の複々線駅でホーム幅が広く，高架下に商業施設があるため高架駅といえども表情豊か．各所に組み込まれたLED照明が目を惹く

東京運転クラブ

Scale 1:80
16.5mm

木造駅舎時代の湯河原駅付近を再現した大形組立レイアウトで高い注目を集める16番のサークル．このスケールで情景を作り込んだモジュールを出展するのは容易なことではないが，街並みがあることで列車のスピード感を演出できる効果を狙っている．

今年はコンベンションのテーマである "電気機関車" にちなみ，電機牽引の客車列車や貨物列車を多数運転．よき時代の東海道本線を彷彿とさせる光景が広がっていた．

1:80スケールの長編成は思わず足を止めてしまう迫力．どの電機もモデラーのこだわりが詰まっており，牽かせる客車との組み合わせにも物語が感じられる

卓上電鉄

Scale 1:22.5〜32・1:80
32mm・16.5mmほか

組立式線路を用いた16番レイアウト“組立線”をメインとしつつ，1番ゲージサイズのペーパーモデルあり，3Dモデリングありと好きなジャンルも技法も異なるモデラーが集まって思い思いの作品を発表する卓上電鉄．自由な気風とフルスクラッチをものともしないバイタリティにひかれて若手モデラーの加入も相次いでいる．

大型模型のペーパー自作で毎度話題を集める高橋亮介さんの新作，ペンシルバニア鉄道GG-1（1番ゲージ）．ペーパーとバルサからのフルスクラッチで，台車も平板から完全自作，電池で走行する．奥のオブジェは本機をモチーフとした楽曲『Old Big Red』にちなんだもの

自宅に庭園鉄道を建設中という栗田 泰幸さんは，Gゲージのシェイに牽かせるためのログカーを製作．真鍮とアルミ材からのスクラッチモデルだ

高岡 亜輝さんが製作した3Dプリント作品群（1:80）．右手に見える暖房車マヌ34は，耐熱性の高い光造形素材のテストとして発煙装置（水とグリセリンによる）を搭載しており，実際の使用上も問題はないとのこと

Panda NEKO No.1・mr0123ma・た625 共同チーム

Scale 1:87・1:150
16.5mm・9.0mm

車輌工作，レイアウト製作，電子工作などジャンルにとらわれないチャレンジを行っている下原 務さん・平山 公人さん・藤本 武男さんの合同出展．

欧米はじめ外国の模型製品は意外にも車種を細かく作り分けることが少なく，塗り替えや切り継ぎ加工でバリエーションを増やしてゆく本格的な車輌工作は日本人ならではの楽しみ方である．世界各地の高速列車を中心に年々新作が増え，国際色豊かなブースになってきた．

SINO MODEL製の中国高速鉄道“復興号”CR400AF型をベースに検測車CR400AF-Jとした1:87作品（写真奥から2番目）．その奥に見える先頭部が緑帯化されたICE TもSINO MODEL製品を加工した塗替作品である

Nゲージ外国型車輌の展示コーナー．以前のJAMで展示されたものも含め，年々ラインナップは充実を続けている．車輌の加工はいずれも平山 公人さん

J-TRAK Society
（ジェイ　トラック　ソサイエティ）

Scale 1:150 9.0mm

NTRAK準拠の国際規格を採用し、王道を往くNゲージモジュールレイアウトのスタイルを体現しているJ-TRAK Society. 情景のクオリティもいずれ劣らず高く、各々に背景板を設置するなど統一感のある演出も含め、非常に完成度の高い展示であった.

広大なヤード（大野 雅志さん製作）に並んだ車輌たち. コンベンションテーマを反映して電機が目立つ

来場者の熱い視線を浴びた雪景色のコーナーモジュール（植竹 保之さん製作）. 以前も出展されているが、今年はミラーボールを流用した照明装置で降りしきる雪を表現するなど、演出面で一層のレベルアップが図られた

こちらも植竹さん製作の直線モジュール. 体育館ではプロレス興行が催され、BGMを流して臨場感を盛り上げる. 本作も既発表だが、部分的に"着せ替え"できる構造で、デコトラが居並ぶ運送会社の一角を新規製作

「わたくし流手づくり」
ぷちテック & VISTA工房 & 藤田ラボ

Scale 1:80・1:150 16.5mm・9.0mm

それぞれ異なるアプローチで工作を楽しむ、若原 暁さん、山岸 隆さん、藤田 清さんによる合同出展. 電子制御、ペーパースクラッチ、鉄道玩具の16.5mmゲージ化と3人の嗜好は全く異なっているが、気の合う友人同士、思い思いの"わたくし流"で模型工作を楽しんでいる.

ブースでは鉄道玩具改造16番モデルによる体験運転も行われ、終始和気藹々としたムードに包まれていた.

若原さんの"ムーミンラッピング特急"は、アットレールのEF55とプラレールの旧型客車を16.5mmゲージ化したもの. 足廻りは連接構造となっている. やや腰高のため、あえて機関車を前傾させてあるのが密かなこだわり

山岸さんはDC運転による碓氷峠189系とEF63の自動切り離しを実演（Nゲージ）. 線路にはマグネット式のアンカプラーを組み込むとともにギャップが切ってあり、列車が切り離し位置に来ると赤外線センサーが機関車を検知し、退避が完了するまで電車側への通電をカットする仕組み

藤田さんのペーパー自作車輌（16番）. ボディはカッターと丸ノミを用いた手切りで、流線形の前頭部はバルサ材の積層ブロックから削り出し. 走行面も慣らし運転と調整を繰り返して万全を期しているとのこと. なお100系新幹線は在来線車輌と同じく1:80スケールで製作されている

TSUKURIBITO

Scale 1:80・1:150
16.5mm・9.0mmほか

SNSをきっかけとして結成され，2018年から JAM出展を開始した工作派グループ．その 成り立ちもあってメンバーの趣味嗜好は多 彩で，車輛ありモジュールレイアウトあり， スケールも混在しバラエティに富む．なか でも戸羽あゆみさんの阪急桂川橋梁モジュ ールはその迫力，作り込みともに一級品で， ブースの看板ともいうべき存在感を示した．

戸羽さんの阪急桂川橋梁（Nゲージ）．橋梁上のレール は走行性を考慮して市販品を利用しているが，枕木両 端部のみ3Dプリントで製作し通常より長い枕木を再現． シーナリーも細部まで作り込まれ，製作にあたっては WEBで閲覧できる航空写真が大いに役立ったとのこと

車輛展示コーナーには，コンベンションのテ ーマ“電気機関車”に沿った作品群も重点的 に展示された．Nゲージの好ましい機関区モ ジュールは伊丹 良一さん作

紙鐵九粍會
（かみ てつ きゅう みり かい）

Scale 1:150
9.0mm

昨年に続き2度目の出展．紙と定規とカッ ターを使って車輛や建物を作る鉄道模型サ ークルである．

　ペーパー工作といえばHO以上の大きなス ケールで行うのが主流だが，あえて小さなN ゲージでケント紙から自分だけの模型を作 ることをライフワークとしており，その製 作工程を日々発信するSNSも好評．ブースで は工作実演を行って紙細工の醍醐味をアピ ールしていた．

　今回は山岳路線の車輛というテーマをメ インに，数々の力作が展示された．

凸川警部さんの新作は南海21000系．ズームカーの特徴的な前面の丸みは木材を用い，側板の接着部には エポキシを流し込みヤスリがけをすることで表現した．空調装置と通風器も自作だが，車体よりも製作に 時間を要したとのこと．小窓がずらりと並ぶサイドビューながら一系も乱れぬ工作精度が秀逸である

波多野 正芳さんの新作，箱根登 山鉄道モハ1形．昨年より登山 を始め，その帰りに乗車した実 車の力強さが気に入って製作 した．極力パーツを自作するこ とにこだわり，屋根上抵抗器や ガイコツテールまで自作再現

神戸電鉄3000系も凸川警部さんの作．客扉ドアフレームはシール紙を上張りし，切り抜くことで表現して いる．ペーパー作品ゆえ無塗装アルミ車体の質感を出すのに苦労したが，実感的な仕上がりを得ている

インターアーバン・ワールド

アメリカで1900年代前半に隆盛を極めたインターアーバン（都市間電気鉄道）．自動車の普及によって1950年頃までにほとんどが淘汰されたが，日本の電車黎明期の技術的ルーツであることからわが国では特別な憧れを抱くファンが一定数存在し，年に１度関西で開かれる"P.E.ミーティング"に愛好者が集う．

　今回は"インターアーバン全盛期のアメリカの鉄道"をテーマに掲げ，1900～1950年頃のアメリカ，中でもシカゴを中心とした中西部の鉄道で活躍した車輌を特集展示した．亀谷 秀樹さんが所蔵する現地モデラー製作のOゲージ３輌を中心に紹介しよう．

イリノイ・ターミナルの架線補修車，ラインカー1705．実車は1922年に自社工場で製造され1950年代半ばまで活躍した．当作はアメリカのベテランモデラーのフルスクラッチ作品で，車体は木製．元はディスプレイモデルだったものを動力化している

アメリカのモデラーRon Hastieさんが製作したシカゴ・ノースショアーラインのグリーンライナー739．本場ならではの技巧と考証によりインテリアまで作り込まれている

OゲージのみならずHO・Nゲージも展示．スケールを超えたインターアーバン愛好者の集まりだ

シカゴ・サウスショアーラインのコーチ#106．プロトタイプは1908年にG.C.Kuhlmannによって製造された．アメリカのモデラーBob HarrisさんがMax Grayのキットから製作し，塗装はRobert Winkleさんによる

結伝社
（ゆい でん しゃ）

インターネットを通じて出会ったモデラーたちにより結成，JAMにも長年出展している結伝社．日本形から外国形まで幅広いジャンルを愛好し，まだ製品化されていない最新車輌をいち早くモデル化することにも積極的である．中でも欧州の列車やレイアウトは完成度が高い．

　モジュールレイアウトとDCCを融合させて高度な多列車同時運転を実現しており，車輌工作・レイアウト製作・電子工作と三つの要素すべてで最先端をゆくサークルだ．

モジュールに憩う欧州型車輌たち．手前の"REGIOJET"はLCC（格安航空）の地上版に相当するチェコの列車で，客車は橋本 孔明さんが自作図面によるエッチング板（屋根・床下は3Dプリント）で自作したもの

ヤードにはブルー系の塗装をまとったチェコの客車群がズラリ．ここまでの大集合はなかなかお目にかかれない．製作は橋本 孔明さん

山口 進さんがプラ板スクラッチしたレーティッシュ鉄道Ge6/6 II形電機．実車は３台車だが，モデルでは走行性を優先して中間台車をダミーとしてある．標記類はテプラによる自作ラベル

高橋 芳治さんは登場間もない東武N100系"スペーシアX"をさっそく製作．JR東日本E261系"サフィール踊り子"をベースに先頭部を整形して仕上げたもので，よく見れば面影が窺えるが，速攻製作のインパクトは絶大である

激団サンぽーる

Scale 1:80・1:150
16.5mm・9.0mmほか

インターネット上の掲示板での交流から結成されたサークル．実景をそのまま縮小したかのような写実的な質感を追求する"情景師"の集まりで，メンバーが製作したモジュール作品を連結してブースを構成している．

限られたスペースで実感的なレイアウトを製作できるのはNゲージが本来有する大きな魅力だが，地面・植栽・構造物を丹念に作り込む当サークルのクオリティの高さには定評がある．模型誌の誌面でもおなじみの実力派揃いで，彼らの作品を直に見るためにJAMに通うファンも多い．

YAZIN氏の新作は，近鉄京都線の澱川橋梁．練兵の邪魔になるとの陸軍の指摘により無橋脚の長大スパンで建設された逸話に惹かれて製作した．橋桁はKATO製品を改造し，木材・プラ・ペーパー・鉢底ネットなど多様な素材を駆使している

前身の奈良電気鉄道が昭和天皇御大典に間に合わせるべく架橋を急いだ沿線最大の構造物．Nゲージでも1mを超える大きさを誇り，歴代近鉄特急との組み合わせも楽しい

中谷 愛子さん作の"ちいさいおうち"．バージニア・リー・バートンの名作"ちいさいおうち"より，路面電車が出てくる場面を絵本の世界観そのままにそっくり模型化した．石畳はプラ板を一枚ずつ切り出し，写真中央の"ちいさいおうち"は円形の紙を重ね貼りして屋根の立体感を．今後さらに作り込む予定とのこと

mihune氏の新作"萩原街道踏切"．わたらせ渓谷鐵道の水沼一花輪間に実在する国道・旧国道・川・鉄道が一か所に集まる交点を参考にしたもので，さまざまな時代の交通インフラと重なり合う景観が見どころ．全体的に彩度を落とすことで秋の訪れを感じさせる表現が印象的だ．踏切周辺は特に作者のこだわりが表れており，細かいディテールまで非常に密度が高くまとめられている

かわてつ ソリューションサービス

"車輌・線路に大幅な改造なしで運用できる自動運転"をコンセプトにシステムを開発. あらかじめ決めたダイヤ通りに運行する制御プログラムにより, 完全自動のダイヤ運転を実演展示した. 明暗を感知するセンサー(CDSセル)により列車の通過時の明るさの変化を検出することで列車の位置を判定する.

レイアウトは複線の環状線で, 2本の列車がそれぞれ各駅に自動で停車・発車する. かねてよりDCCを用いたダイヤ運転には実績があり, 今回は独自性と少人数での運営を志向した

駅に停車する広島電鉄グリーンムーバーMaxが設定された発車時刻になると自動で発車. 駅にある発車標を模したモニターで分かりやすく仕組みが紹介された

pagos

10年以上にわたってNスケールの製品やプラキット, エッチングキット, ペーパーキットをBトレインサイズにショーティ化してきた岩渕 泰治さんのブース. 今も年間100輌程度を新たに製作しており, 500輌以上のコレクションを一堂に集めた展示は圧巻. 塗装も大半はオリジナルのままであり, 各車輌の特徴を短いサイズに破綻なくアレンジする創造力には感服させられる.

直近では事業用車輌や検測車などを重点的に製作している

上州モントレーライン

武田 賢一さんの個人出展. 前回はトンネル内の地下ホームまで再現した上越線の湯檜曽駅モジュールで好評を博したが, 今年は吾妻線 祖母島-小野上間にある第一吾妻川橋梁のモジュールを新たに製作した.

この鉄橋は線路の西側に細い歩道(渋川市道3号線)が据え付けられており, 一般の歩行者が歩いて渡れる鉄道橋として吾妻線の珍名所となっている. 久しぶりの水面製作で, 川の質感にも力を入れた. また近作ではストラクチャーを極力自作するようになり, オリジナリティ向上に手応えを感じているという.

第一吾妻川橋梁(900×150mm). 一般的なコンクリート橋脚の上路式プレートガーダー橋だが, 西側に歩道が取り付けられているため市販品に頼らずフルスクラッチで製作している

昨年発表した湯檜曽駅モジュール. 築堤上の上りホームと新清水トンネル坑口内にホームが分かれた上越線の最も特徴的な駅の一つで, 1.2×0.3mのコンパクトサイズにまとめている. 駅舎は2010年に建て替えられた無人駅化後の姿

ワコウテーブルランド 鉄道模型クラブ (WMC)

Scale 1:48・1:87 32㎜・16.5㎜

初出展．欧米形のHO・Oスケールを楽しむ集まりで，車輌は完成品がメインだがHOエンドレスはDCCによる高度な自動運転を行っている．会期が3日間にわたるJAMでは，きめ細かな運転操作を自動化できるDCCはブース運営上もメリットが大きいという．

Oゲージは今回は車輌展示のみ．HOは複々線エンドレスを組み，随時運転を行っていた．初出展ながら制御機器は手際よくユニット化され，モニター画面も観客に向けて示されている

多摩あかつき鉄道

Scale 1:150 9.0㎜

数百輌に及ぶ新幹線・高速列車のコレクションを一堂に展開するNゲージャーの集まり．レイアウトは一見市販の組立式線路に見えるが，曲線部には自作した約1,000Rの大径カーブが組み込まれており，新幹線らしい高速の走行シーンを楽しむことができた．

堀内拓さんの作品"広がる世界へと，物流　始まりと終わりのターミナル"．機関車の機回し線・コンテナの積み下ろし線・貨車の留置線をコンパクトにまとめてある．通電の工作に難儀し，DCフィーダーを複数に渡り分岐させるなどの苦労もあったという

浅野 貴雄さんのモジュール"新幹線と平行在来線"．高速道路や曲線部の切通し新設する大改修を施した

ランドスケープPJ

Scale 1:150 9.0㎜

"現実風景をジオラマに"というコンセプトのもと，特定の場所を再現したジオラマ制作を行うモデラーが集まり，作品群をレイアウト形式で展示している．体験運転として持ち込んだ車輌の運転も可能で，実物さながらの風景と絡めて写真撮影に興じる姿が見かけられた．

中村 友哉さんの熱海駅モジュールがパワーアップして展示された．帰省の際に見た風景を製作した作品だが，今年は駅ホーム部と東京方に位置する民家・立体駐車場を完成させ，さらに精密度が増していた．今後はホームの細部や新幹線ホームなど，熱海駅全体を再現する構想があるとのこと

西武文理大学

Scale 1:150 9.0㎜

埼玉県狭山市にキャンパスを構える西武文理大学の鉄道サークル．模型愛好者も多く，普段から教室を借りて運転会を愉しんでおりJAM出展の常連校でもある．今年のコンベンションのテーマ"電気機関車"はメンバーの得意分野で，コレクションを持ち寄り2010年代の田端運転所・尾久車両センターをイメージして寝台特急機を勢ぞろいさせてみた．

"北斗星""カシオペア""北陸"のヘッドマークを掲げた牽引機やD51 498が集う．車輌の顔ぶれで平成の田端・尾久界隈を再現していると一目でわかる演出である

自由奔放線

昨年は"自由環状線・まぼろしライン"の名で出展していた，思い思いのホビーライフを楽しむ工作派モデラーの集まりである．

ストイックな車輌・情景製作からアニメ関連の架空車輌まで，家族ぐるみで鉄道模型を楽しむメンバーが多いことが特色で，多彩な嗜好を受け容れる温かい雰囲気が斬新なアイデアを次々に生み出している．

立川 理恵さんがHO線路の周囲を花や小物でドレスアップ．殺風景なお座敷レイアウトも女子力とのコラボレーションでまるで結婚式の披露宴会場のような華やかさだ

車輌工場の一般公開の様子をカットモデルで見せるNゲージモジュール．ウェザリングまで丁寧に施した本格的な作品だが，ぬいぐるみをディスプレイしてみたり，肩の力を抜いて楽しむ様子が伺える

岩倉高等学校 鉄道模型部

東京都台東区で未来の鉄道業界人を育てる名門校．鉄道研究部とは独立して"鉄道模型部"が存在するのが部員の層の厚さをよく現わしており，模型製作やイベントへの積極的な出展により"体験を通して学ぶ活動"に取り組んでいる．

東急グループ創立100周年を祝したオリジナルレイアウト．エンドレスの各所に，大規模開発で面目を一新しつつある渋谷を中心に東横線沿線の名所を詰め込んだ．ほとんどのストラクチャーは部員で分担して自作．昨年9月から約半年間，このレイアウトは渋谷エクセルホテル東急のスーペリアツインルームに設置され，鉄道ジオラマルームとして宿泊客の持ち込み運転に供されたという

京急本線 泉岳寺－品川間モジュール．品川駅北方の折り返しのための引上線と，地下の泉岳寺駅から駆け上がってくる上下本線を再現している．新入生歓迎会で実際にこの引上線を見学し，品川駅地平化工事でいずれなくなることからモジュール寸法に収まるよう特徴的な要素を凝縮して作り上げた

木こり鉄道 やまなみライン

Scale 1:150・1:160
9.0mm

濱嶋 章さん・規子さん夫妻による外国の高原風景をモチーフにした分割式情景レイアウト．ループ線をもつ高原線のほか，登山線・鉱石線・山岳線の計4線を巧妙に配しており，自動運転も可能である．

全方向から鑑賞に耐えられる濃密な作り込みは，章さんが国内外で目にした美しい景観をいかに凝縮し再現するか，長い思索と経験の賜物である．普段は自宅に常設しているホームレイアウトだが，イベントに出展することを念頭に分割や運搬にも十分考慮した構造となっている．

立体的な地形に緩急巧みな配線が溶け込む．現実にこれだけ線路が密集することはあり得ないが，確固たるモデリングが生み出す凝縮美に見とれてしまう．牧場の花は規子さんの手によるもので，可憐な仕上がりが文字通り華を添える

2015年から構想を練り始め，2020年から1年半強で完成．そのため昨年から大きく変わっていないが，高原線のスイッチバック付近は奥側へ拡張されて駅になり，水車のある瀟洒な邸宅が追加された

還暦祝いはBigBoy　FWH鉄道

Scale 1:160
9.0mm

製作中の新作
日本国鉄D51の動輪ユ
ニットを何と6台分も使った
ウルトラガーラットで，フライホイー
ル付きコアレスモーター4台で駆動しており
2-8-8-8-4＋4-8-8-8-2という歴代最大のモンスターとなる．
現在は足回りがまとまった段階で，牽引力を稼ぐため補重も十分．
どんな車体に仕上がるのか来年が楽しみである

遠西 幸男さんの個人ブース．西部劇のシーンを彷彿とさせる，アメリカ形フリーランスのNゲージレイアウト"FWH鉄道"．実物で長さ1マイルを超す長大貨物列車，ワンマイルトレインがゆっくりと闊歩する情景は大陸の雄大さを体現している．

約200輌もの貨車を単独牽引できるオリジナル蒸気機関車の自作に情熱を注いでいる．

KATO渾身の最新製品，ユニオンパシフィック鉄道ビッグボーイも早速購入し，前面標識燈を点燈化加工するなど軽加工を施した．アメリカの大形蒸機の世界への思い入れは人一倍．製品の完成度も高く評価している

アリゾナ州モニュメントバレーの象徴的風景である孤立丘"ビュート"を，水豊かで花が咲き誇る結婚式場にドレスアップした遊び心あふれる新作パイク"Laputa結婚式場前線"

M8
（エム ハチ）

Scale フリー
9.0mm

諸星 昭弘さんのカルチャースクール受講生により結成されたクラブ．必ずしも実景にとらわれず，作品性を強く打ち出したスタイルは"諸星流"を継承しているが，決してその模倣ではなく各人のオリジナリティが存分に発揮されている．

今年の展示では，列車の車窓からの風景という独創的な見せ方に挑戦した久原 聡さんの作品が特に目を惹いた．

北の牛乳列車 ●久原 聡さん
旧形客車の車窓から眺めた簡易軌道

大スケールの車内模型の奥に回転式のレイアウトを置き，あたかも流れる車窓のように見せている（通常はレイアウト上部は覆われている）．内装模型は正面から見て自然に見えるよう，パースを付けて作られている．ニス塗りで仕上げた内装の質感も秀逸である

夏山2023 ●風間 隆志さん
起伏に富む地形に日本の夏を表現した

二重スパイラルレイアウト ●枚田 英之さん
単線エンドレスを二重螺旋のループ線に凝縮

瀬戸電1975 ●永田 潤さん
名古屋城周辺の名鉄瀬戸線旧線をイメージ

ミニミニトレイン
●石川 宜明さん
さかつうギャラリーの"ミニミニトレイン用レール"を使用した作例

3段円型レイアウト
●河村 まゆみさん
頭頂部が回転．各段には水の流れを表現して連続性をもたせている

路面電車の走るミニレイアウト ●中込 浩二さん
川面に散った桜までもアースカラーで情感豊かに再現

壁掛けレイアウト 湘南ブルー ●鈴木 明博さん
グリーン基調の前作と好一対のイラスト感覚作品

イタリアのリゾート地 ●五百木 康晶さん
ヨットや地中海の陽光を感じさせる彩りが美しい

天然コケで植生を ●持永 圭一郎さん
プリザーブド処理されたコケで草木を表現した

玉電レイアウト ●五百木 康晶さん
単線エンドレスにガントレットを挿入し配線に変化をつけた

鉄道模型競技会

今年も8月18日（金）から20日（日）の3日間にわたって，恒例となった4つの鉄道模型競技会が開催された．すべてモデラー参加型の競技会で，最高速度・最低速度・牽引力・登坂力を競う．

鉄道模型は，実感的なスケールモデルが安定して"走る"ことが他の模型には見られない特色である．通常は実感的な速度で走ることが重んじられるが，この競技会では何よりも極限の動力性能を追求する．

リアリティーを取り払うと鉄道模型はどんなパフォーマンスを見せてくれるのだろう．極限を追い求めるモデラーたちの，年に一度の真剣勝負．

審査委員長は例年通り三田会元会長の伊藤 正光さん，進行は鉄旅タレントの伊藤 桃さんと赤城 隼人さんが担当した．

スピードコンテスト

全長50mの直線線路をフルスロットルで走行し，計測区間での通過最高速度を競う競技．対象となるゲージは16.5mmのみとなっており，鉄道模型におけるスピードの限界に挑む．

牽引力コンテスト

線路上で控え車を介して牽引力を競う競技で，鉄道模型の"綱引き大会"と言って良いだろう．パワーと重量を目一杯かけ，力あるものが勝負を制する．列車の動力を一手に担う機関車の独壇場であり，電気機関車をテーマとする今年のJAMにぴったりの競技会でもある．

対象となるゲージは16.5mm，13mm，12mmの3ゲージ．

登坂力コンテスト

スキーのジャンプ台を思わせる最大角度25度を超える異次元の急勾配をどこまでよじ登れるかを争う競技である．

鉄のレールと車輪で走る鉄道はもともと登り坂が苦手で，鉄道模型では一般に4％＝約2.3度の勾配を上限にしているメーカーが多い．ケーブルカーなみの登坂力に必要なものは何か？

対象となるのは16.5mm，13mm，12mmの3ゲージである．

低速コンテスト

スピードコンテストとは逆に，3cmの計測区間をどれだけゆっくり走行できるかを競う競技である．

よく"スローが効く"と言われるが，鉄道模型は這うようにゆっくりとした速度域で柔軟に操縦できてこそリアリティーが際立つ．低回転でも滑らかに回るモーター，安定した集電，駆動損失の小ささなど電気とメカの総合力が問われるカテゴリーだ．

対象となるゲージは16.5mm，13mm，12mm，9mmの4ゲージ．今回は計測機器の都合で2日間に分けて行われた．

韋駄天！スピードコンテスト

スピードコンテストは実車形部門と自由形部門の2つのカテゴリーに別れて争われる.

実在する車輌をスケールダウンした模型がエントリーできる"実車形部門".それに対し"自由形部門"は走りに徹した自由なスタイルの作品が競う部門である.

開催前に出走車輌と参加者全員で記念撮影

さまざまな思いを込めて競技車輌を線路に載せる

スピード計測地点での計測の様子.計測数値を示すモニターに一同注目する

速度計測はIMONが独自開発を行った専用機器で行っている.この機器は2点の赤外線センサーにより列車を検知し,通過時間や速度をマイコンによって高速演算を行い実現している.世界記録へ挑戦の際は,速度計測界のパイオニアである玉川商店様など3社様が立ち会い,確実な検証を行っている

疾走する競技車輌に観衆は注目

50mの直線でスケール速度2,200km/hオーバーの世界へ.実際の速度も25km/hを超える

スピードコンテスト出走作品グラフ

⏱ 自由形部門

自由形部門はスピードコンテストの華．各自工夫を凝らした作品で模型でしか実現できない最高速度に挑戦する．毎年おなじみのメンバーも多いが，それぞれ更なる記録更新に向けてマシンをブラッシュアップのうえでエントリーしている．

*記載の計測速度はすべて1/87のスケールスピードで計算，2回の走行のベストタイムとしている．

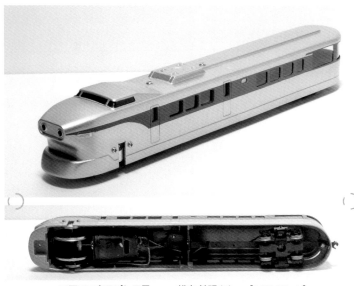

エアロエクスプレス号　松本 敏明さん 【2,221.90km/h】
タカラトミー製品の改造で，動輪径は30mmもある

RS-09　井門 義博さん 【1,565.68km/h】
ニックネームは"フライングリレーラー"．出場は3回目で，車体を作り直しての挑戦．
昨年はトラブルで失格となったが，今年は初回脱線，二回目で記録を叩き出した

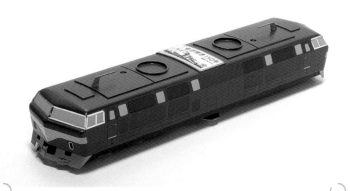

新幹線911型　江川 芳章さん 【3,297.53km/h】
ニックネームは"びっくりハウススペシャル令和ロマン3号"

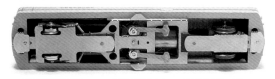

新幹線921型　江川 芳章さん 【3,377.91km/h】
ニックネームは"びっくりハウススペシャル令和ロマン4号"．今年の新作

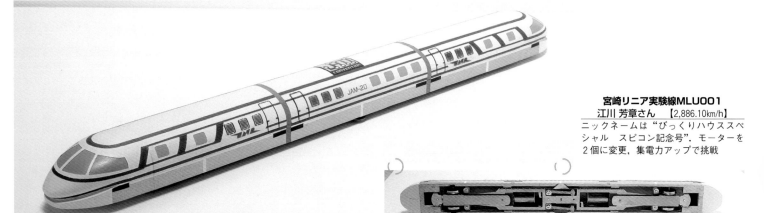

宮崎リニア実験線MLU001
江川 芳章さん 【2,886.10km/h】
ニックネームは"びっくりハウススペシャル スピコン記念号"．モーターを2個に変更，集電力アップで挑戦

⏱ 実車形部門

実車形部門はスクラッチモデルや完成品，完成品をベースに動力などを改造したものが対象．実物のスタイルを有していることを条件とした部門なので，自由形部門に比べるとスピード面ではかなり不利となる．また場合によっては編成にしなければならない場合もあり，様々な工夫が必要となる点も注目のポイントとなる．

EF66 43+オハネフ25　スズキ ジュンさん　【111.95km/h】
TOMIX製．昨年同様，スピードコンテストでは不利な編成物で挑戦

ED57形　松本 敏明さん　【1,789.71km/h】
ペーパー自作で，ミニ4駆のモーターを4個搭載している

キハ35形　山岸 隆さん　【637.15km/h】
トラムウェイ製を全軸駆動に加工

新幹線1000系A編成　井門 義博さん　【2,036.67km/h】
カツミの市販品を加工したもので，前々回929.43km/h，前回2002.55km/hをマーク．ライトユニット再製作など軽量化を進めており，今回さらにこの車輌の最高速を更新した．25,000回転のモーターに換装し，歯車比9:7に変更している．

シーネンツェッペリン　井門 義博さん　【2,097.78km/h】
車体こそメルクリンだが下廻りをボギーから二軸に変更し，車輪にはゴムタイヤを備える形での挑戦．過去最高の2,426.40km/hには及ばなかったが昨年の2,012.33km/hは上回った

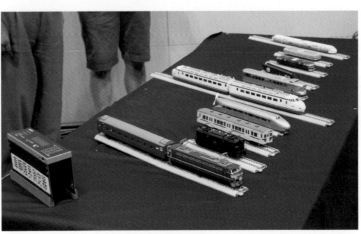

競技を前に一同揃った競技エントリー車輌

鉄道模型競技会

⏱ スピードコンテスト・競技シーン

ここからはその競技シーンをお目にかけよう．50mにも及ぶ直線は，通常のレイアウトではなかなか作れない環境である．また高速で走らせるためにはモーターや伝達方式，集電能力・追従性などの研究も怠れないし，スケールスピード2,000km/h超ともなると脱線して地面に落下するリスクもある．観衆が固唾を呑んで見守るのもそうした迫力に魅了されているからに他ならない．

例年通り多くの観衆が集まって競技の様子を観戦する中，シーネンツェッペリンが爆走する

会場では計測ポイントの映像と計測データが表示される．観衆も司会者もそれを注視する

競技のポイントについて解説する審査委員長の伊藤 正光さん

コンテストの常勝を誇る江川さんがスロットルを握る

実車形2作品，自由形1作品で参戦した井門さんが伊藤 桃さんからインタビューを受ける．井門さんにとってもスピードコンテストは毎年の楽しみであるという

番号	氏名	車両形式 愛称等	車輛 ニックネーム	減速機 メーカー	軌間	加工有無	計測回数	計測回数
A101	松年 朝明	ED57			自作	16.5mm	有リ	
A102	山岸 隆	キハ35				16.5mm	有リ	
A103	井門 義博	新幹線試験編成		ドラムウェイ	16.5mm	有リ		
A104	井門 義博	シーネンツェッペリン		カツミ	16.5mm	有リ		
A105						16.5mm	有リ	
A106								
A107								
A108								
A109								
A110								
A111								
A112								
A113								

計測結果がエントリー表に書き込まれてゆく

パワーパックも新調された．5Aという大容量である

自由形部門 優勝

自由形部門優勝は江川 芳章さんの新幹線921型（ニックネーム・びっくりハウススペシャル令和ロマン４号）で、3,377.91km/hであった

実車形部門 優勝

実車形部門優勝は井門 義博さんのシーネンツェッペリンで、2,097.78km/hであった

スピードコンテスト【自由形部門】

	出場者	エントリー車輌	ニックネーム	メーカー	1回目記録	2回目記録
優勝	江川 芳章	新幹線921型	びっくりハウススペシャル令和ロマン４号	自作	3,377.91km/h	3,037.82km/h
2位	江川 芳章	新幹線911型	びっくりハウススペシャル令和ロマン３号	自作	2,953.60km/h	3,297.53km/h
3位	江川 芳章	宮崎リニア実験線 MLU001	びっくりハウススペシャル スピコン記念号	自作	2,842.62km/h	2,886.10km/h
4位	松本 敏明	エアロエクスプレス	エアロエクスプレス	タカラトミー	2,221.90km/h	2,071.70km/h
5位	井門 義博	RS-09	フライングリレーラー	自作	記録なし（脱線）	1,565.68km/h

スピードコンテスト【実車形部門】

	出場者	エントリー車輌	ニックネーム	メーカー	1回目記録	2回目記録
優勝	井門 義博	シーネンツェッペリン	―		2,097.78km/h	884.34km/h
2位	井門 義博	新幹線A編成	―	カツミ	2,036.67km/h	2,018.04km/h
3位	松本 敏明	ED57	―	自作	1,635.33km/h	1,789.71km/h
4位	山岸 隆	キハ35	―	トラムウェイ	666.12km/h	637.15km/h
5位	スズキ ジュン	EF66 43＋オハネフ25	―	機関車 TOMIX 客車 KATO	111.75km/h	111.95km/h

＊自由形部門の条件は16.5 mm ゲージ線路を線路から集電して走行でき，車輌限界を大きく超えなければ車輌の形態は問わず，自由な造形・駆動方式が認められている．ニックネームまたは形式を付けてエントリーする．自由形部門には例年通りユニークな作品がエントリーされた．

＊実車形部門の条件には実物のスタイルを有しているという事以外に，両運転台ではない電車などの場合は編成としてエントリーしなければならない，という条件が課せられている．実車形部門のエントリー作品にはコアレスモーターへの換装などの工夫を試みた作品も見られた．

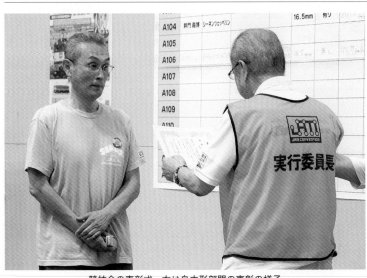

競技会の表彰式．左は自由形部門の表彰の様子

スピードコンテスト実車形部門優勝の井門 義博さん（左）と自由形部門優勝の江川 芳章さん（右）

牽引力コンテストは合図に合わせて引っ張り合う機関車の綱引き大会である．レール踏面に対してどれだけ効率的に牽引力を伝えられるかどうか，スタート時の瞬発力が問われる．

　重量の差が影響するため，従来は近い重量同士を対戦させるトーナメント形式であったが，今回から部門ごとの総当たり戦に変更された．車輪は金属製タイヤ限定でゴムタイヤやグルーなどのグリップ剤は禁止，規定のポイントを通過することが条件であった．

　蒸機部門と蒸機以外部門の2部門制．過去の競技会同様，勝敗を分けるのはやはり"重量"で，限界までウエイトを詰め込んだスペシャル機関車が席巻する結果となった．

コンペティターが競技用線路に自分の機関車を載せたあとは，真ん中に挟んだ控車の両端に競技機関車を連結．左右逆に配線されたパワーパックを競技委員長が操作して一気に12Vのフルスロットルを掛ける

出走全車輌グラフ

南満洲鉄道パシナ　横川 和明さん【790ｇ】
蒸機部門は3名．新兵器タングステンウエイトを目一杯積んで重量は昨年の725gから9％増し．部門優勝した

C59 41　松永 美砂男さん【507ｇ】
カワイモデル製で無加工

LNER A3 60103号　桑原 大輝さん【580ｇ】
ウェイトを駆動輪の上に集中的に搭載した

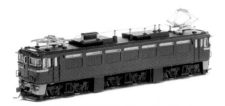

EF71 3　尾崎 裕之さん【2,195ｇ】
蒸機以外部門でのエントリーは5名．天賞堂の完成品を改造した新作で，極限まで補重を行って見事優勝した

EF81 95　横川 和明さん【1,977ｇ】
しなのマイクロ製キットを組み立てた車輌で去年に続きエントリー．重量は昨年の1,806gから9％増している

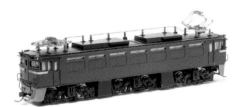

EF71 8　尾崎 裕之さん【2,095ｇ】
去年も出走した車輌にさらに手を加え，重量は限界と思われた昨年の2,093gから2g増しの2,095gをマーク

ED62 12　天野 裕之さん【563ｇ】
しなのマイクロ製キットの組み立て

EF81 409　鈴木 淳さん【626ｇ】
トミックスのプラ完成品でノーマルに近いコンディション．同じEF81でも上の横川さんのものとは3倍の重量差

尾崎さんの優勝機EF71 3は長さ20cmあまりの16番模型でありながら2kgの大台をはるかに超える重量2,195gを達成．電気機関車の場合，車体が少しでも長い形式の方がウェイトを多く積むことができ，粘着力アップに効果的なのだ

蒸機以外部門で圧勝した尾崎裕之さん（左）と，去年に続きパ蒸機部門を制した横川 和明さん（右）．車体内部の隙間に積めるだけのウェイトを積み，その限界を去年より引き上げることで勝利をもぎ取った

牽引力コンテスト【蒸機以外部門】

車種 車重 出場者名	EF71 3 2,195g 尾崎 裕之	EF81 95 1,977g 横川 和明	EF71 8 2,095g 尾崎 裕之	ED62 12 563g 天野 裕之	EF81 409 626g 鈴木 淳
EF71 3 2,195g 尾崎 裕之	／	○	○	○	
EF81 95 1,977g 横川 和明	×	／	○		
EF71 8 2,095g 尾崎 裕之	×	×	／		
ED62 12 563g 天野 裕之	×			／	○
EF81 409 626g 鈴木 淳				×	／

牽引力コンテスト【蒸機部門】

	出場者	エントリー車輌	ゲージ	重さ
優勝	横川 和明	南満州鉄道 パシナ	16.5mm	790 g
2位	松永 美砂男	C59 41	16.5mm	507 g
3位	桑原 大輝	LNER A3 60103	16.5mm	580 g

Hill climbing！ 登坂力コンテスト

最大斜度25度の線路をどこまで登れるのかを競う．こちらの競技にも条件があり，例年同様フリースタイルは不可．なおかつ車輪は金属製で，グリップするための加工などは禁止である．

　重力に逆らって急坂を登るにはパワーを無駄なくレールに伝えることが肝要で，車輪にそれなりの重量を掛けなければスリップするし，かといって重すぎると傾斜に負けて登れなくなってしまう．こういった点から炭水車を連結するテンダー蒸機はかなり不利で，コンパクトで重量バランスに優れ，比較的軽量な車輌が優勢になる傾向がある．トータルバランスが勝敗を左右することから気軽に参加でき，昨年の倍近い13輌ものエントリーで競われた．

出走全車輌グラフ

一畑ED22 1
五十嵐 繁さん　【329.75‰】
フクシマ製．全軸駆動でウェイトを抜いて軽量化した

4110形 4129
井門 義博さん　【284.86‰】
モデルワム製で登坂力コンテストの常連機．動輪を黒染めして挑戦

EB10 1
五十嵐 繁さん　【252.11‰】
天賞堂製で動力を自作，車輪も黒染めして挑戦した

DD16 8
五十嵐 繁さん　【221.70‰】
トラムウェイ製のプラ車輌を無加工でエントリー

ED62 12
天野 裕之さん　【208.00‰】
しなのマイクロ製で駆動部分が低重心であるのに期待して参戦

C59 41
松永 美砂男さん　【208.91‰】
カワイモデル製無加工．左ページの牽引力コンテストに出たものと同じ機体である

3TRACK SHAY
井門 義博さん　【207.09‰】
中村精密製．第1回優勝機でもある

ロコモーション号
谷川 雄介さん　【207.09‰】
自作．飛び入り参加

フルカオーバーアルプ鉄道 HG3/4
谷川 雄介さん　【167.34‰】
フェロースイス製

ED29 11
井門 義博さん　【153.02‰】
FAB製で車輪を黒染めしている

**BRスタンダードクラス
9F 92214**
桑原 大輝さん　【150.34‰】
バックマン製

LBSCAIX 32655
桑原 大輝さん　【186・24‰】
ホーンビー製

カツミ製EB58
川崎 卓さん　【338.48‰】
レギュレーションに自由形が無いため参考記録

競技台には最大25度の勾配に16.5mm／13mm／12mmゲージの3種類の線路が敷かれており，スタート部分ですでに7％の勾配がある

登坂力コンテストで優勝した五十嵐 繁さん（右）と，低速コンテスト【蒸機部門】を制した増原 一衛さん（左）

登坂力コンテスト

	出場者	エントリー車輌	メーカー	軌間	1回目記録		2回目記録	
優勝	五十嵐 繁	一畑ED22 1	ふくしま	16.5mm	18.20°	328.78‰	18.25°	329.75‰
2位	井門 義博	4129	モデルワム	12mm	15.90°	284.86‰	14.85°	265.15‰
3位	五十嵐 繁	EB10 1	天賞堂	16.5mm	14.15°	252.11‰	13.75°	244.70‰
4位	五十嵐 繁	DD16 8	トラムウェイ	16.5mm	12.50°	221.70‰	12.50°	221.70‰
5位	松永 美砂男	C59 41	カワイモデル	16.5mm	11.60°	205.27‰	11.80°	208.91‰
6位	天野 裕之	ED62 12	しなのマイクロ	16.5mm	11.00°	194.38‰	11.75°	208.00‰
7位	井門 義博	3TRUCK SHAY	中村精密	16.5mm	11.70°	207.09‰	11.40°	201.64‰
7位	谷川 雄介	ロコモーション号	自作	16.5mm	11.70°	207.09‰	10.90°	192.57‰
9位	桑原 大輝	LBSCAIX 32655	ホーンビー	16.5mm	10.50°	185.34‰	10.55°	186.24‰
10位	谷川 雄介	フルカ・オーバーアルプ鉄道 HG 3/4	フェロースイス	12mm	9.25°	163.86‰	9.50°	167.34‰
11位	井門 義博	ED29 11	FAB	12mm	8.70°	153.02‰	棄権	
12位	桑原 大輝	BRスタンダードクラス9F 92214	バックマン	16.5mm	8.40°	147.67‰	8.55°	150.34‰
（参考）	川崎 卓	EB58	カツミ	16.5mm	18.70°	338.48‰	17.95°	323.96‰

亀亀！低速コンテスト

4つの競技の最後は，スピードコンテストと対照的な低速コンテストだ．3cmの計測区間をどれだけゆっくりと走れるかを競う．こちらも事前に車検が行われ，走行確認を実施．極端な超低速ギヤは不可とされ，どのスケールの車輌においてもスケールスピードで50km/h以上出せることが条件となっている．

2回走らせて遅い方のタイムを採用．計測走行中に止まったら失格なので，車輌自体のスペックもさることながら，競技者自身に任されたスロットル捌きが勝敗を左右する真剣勝負である．

出走全車輌グラフ

蒸気部門9輌，蒸機以外部門9輌（うち1輌不参加）がエントリーし，こちらも昨年の倍以上の盛況となった．

C11二次型
森井 義博さん　【2.219秒】
前回優勝機でIMON製

9600形
増原 一衛さん　【1.984秒】
珊瑚模型製でモーター・ギヤを交換

C型蒸気機関車
小埜寺 哲雄さん　【1.651秒】
KATO下廻りと珊瑚模型の上廻りを組み合わせ

BIG BOY　増原 一衛さん　【4.615秒】
KATO製．蒸気機関車部門の優勝を飾った

マレー型蒸気機関車
小埜寺 哲雄さん　【1.637秒】
ミニトリックスの下廻りとワールド工芸キットを組み合わせ

ポーター
小埜寺 哲雄さん　【1.189秒】
トーマモデルワークス製

D51ナメクジ
後藤 秀晃さん　【1.567秒】
KATO製．位相を調整し集電軸の多いD型機で挑戦

C62 2北海道形
後藤 秀晃さん
【0.963秒】
KATO製

C58 363
中込 浩二さん
【0.833秒】
マイクロエース製

DD51
馬渡 星也さん　【4.779秒】
KATO製DD51のゴムタイヤを外して集電力を向上し蒸機以外部門で優勝

EF53　森井 義博さん　【2.937秒】
ワールド工芸製HO1067をコアレスモーター化

モハ72
鈴木 康浩さん　【2.225秒】
TOMIX製でロースピードギヤ装備・モーター交換

ドイツVT18
鈴木 康浩さん　【2.982秒】
KATO製でロースピードギヤ装備・モーター交換

EF65 1132
後藤 秀晃さん　【2.590秒】
TOMIX製をモーター交換

秩父鉄道デキ506
中込 浩二さん　【1.576秒】
宮沢模型製

岳南鉄道ED40 2
中込 浩二さん　【1.566秒】
トミーテック製

モハ182
鈴木 康浩さん　【1.607秒】
同じくTOMIX製でロースピードギヤ装備・モーター交換

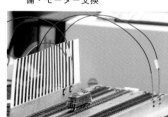
3cmの計測区間を這うように進む

低速コンテスト【蒸機部門】

	出場者	エントリー車輌	メーカー	軌間	1回目記録	2回目記録
優勝	増原 一衛	BIG BOY 蒸気機関車	KATO	9mm	1.282秒	4.615秒
2位	森井 義博	C11 二次型	IMON	12mm	1.909秒	2.219秒
3位	増原 一衛	9600形	珊瑚模型	12mm	1.295秒	1.984秒
4位	小埜寺 哲雄	C型蒸気機関車	KATO 珊瑚模型	9mm	1.261秒	1.651秒
5位	小埜寺 哲雄	マレー型 蒸気機関車	ミニトリックス ワールド工芸	9mm	1.637秒	1.417秒
6位	後藤 秀晃 (ナメクジ)	D51 36	KATO	9mm	1.567秒	1.308秒
7位	小埜寺 哲雄	ポーター	トーマスモデルワークス	9mm	1.189秒	1.039秒
8位	後藤 秀晃	C62 2北海道形	KATO	9mm	0.963秒	記録なし
9位	中込 浩二	C58 363 パレオエクスプレス	マイクロエース	9mm	0.833秒	0.572秒

低速コンテスト【蒸機以外部門】

	出場者	エントリー車輌	メーカー	軌間	1回目記録	2回目記録
優勝	馬渡 星也	DD51	KATO	9mm	4.779秒	
2位	鈴木 康浩	東ドイツ 国鉄VT18	KATO	9mm	2.172秒	2.982秒
3位	森井 義博	EF53	ワールド工芸	12mm	2.128秒	2.937秒
4位	後藤 秀晃 (First E)	EF65 1132	TOMIX	9mm	2.015秒	2.590秒
5位	鈴木 康浩	国鉄 モハ72	TOMIX	9mm	記録なし	2.225秒
6位	鈴木 康浩	国鉄 モハ182 1000	TOMIX	9mm	記録なし	1.607秒
7位	中込 浩二	秩父鉄道デキ506	宮沢模型	9mm	1.576秒	0.386秒
8位	中込 浩二	岳南 ED40 2	トミーテック	9mm	1.566秒	1.021秒
9位	松本 秀樹 (みーち号)	ED75 700	TOMIX	9mm		

※（ ）内はニックネーム

ギミック2023 宮﨑 正雄さん作の "EF58全般検査公開". 工場で全般検査を受ける電気機関車の一般公開シーンをモチーフにしたディスプレイモデルで，クレーンで吊り上げるEF58の車体を大勢の見学者がカメラのストロボを焚いて撮影する賑わいを作り込んでいる．EF58 60は1:50スケールの青島製プラモデルを改造したものである

ギミック2023

Scale 1:80・1:150
16.5mm・9.0mmほか

毎年，趣向を凝らしたギミック（＝ちょっとした仕掛け）満載の模型作品で来場者を楽しませている面々が今年も "ギミック2023" として登場．特定のスケールや模型ジャンルにこだわることなく，高い工作力と自由なアイデアで作り上げた作品たちがブースを彩る．作者自身による実演も交えて楽しいムードで会場を盛り上げていた．

ロボットがパワーパックを操作して往復運転を行う楽しげな16番モジュール（80cm×160cm）．並走する道路にはステアリング機構のない通称プアマンズ・カーシステムのミニカーを走らせ，丸窓電車が踏切に接近すると一旦停止するギミックを組み込んでいる【16番】

"EF58全般検査公開" 吊り降ろし状態．機器室や運転台も詳細に再現し，それら内部構造を見せるため実車と異なり車体の床から上だけが吊り上がる構成にした．建屋は全自作で随所に照明を仕込み，物々しい車輛工場の雰囲気がうまく再現されている

銚子電鉄の名物風景キャベツ畑を製作したのは品原 一之さん．実物の撮影行でいいなと思った情景を，100円ショップで販売されているショーケースに凝縮したミニモジュールだ．収穫時期を迎えた大量のキャベツは原型から自作量産を繰り返した力作で，背景には自ら撮影した実物の風景を貼り込んでリアリティを高めている．旅のよき思い出【N】

会津ヨシ！

Scale 1:80・1:150
13.0mm・9.0mm

保科 賢太郎さんの人気ブースが5年ぶりに帰ってきた．只見線応援をテーマに会津地方の情景作品を数々製作しており，その卓越した美意識は，屋台風に仕立てたブースの造作からも感じ取ることができる．

作品はすべて観客の側に向け，配線などの舞台裏は徹底してブース内側に隠す．ディスプレイのあり方にまで心憎いまでの配慮が行き届いた魅惑の展示である．

ブース外周を囲むエンドレスの一角に情景を作り込んだ額縁モジュールが飾られ，時折列車が駆けてゆく．ライトアップされた額縁は一幅の絵画のようであり，はっと息をのむ感動を与えてくれる　【N】

ふとしたきっかけで作ってみたくなったという新作"電脳廃墟"．建物が何もかも破壊され尽くした赤錆と埃のサイバーパンクの世界観を徹底的なウェザリングで表現している．よく見るとパソコンの基板や冷却ファンの廃パーツで廃墟を表現しているのも興味深い　【N】

相模原鉄道模型クラブ

Scale 1:150
9.0mm

神奈川県相模原市で2018年に発足したNゲージサークル．今年から会員制を改め，運営メンバー・後援メンバー・ファンと3ランクの有志で活動を盛り上げる"サポート制"に移行し，約40人で鉄道模型を楽しむ．

独自規格の複線モジュールを持ち寄り，会場に合わせてさまざまに組み合わせて運転会を開催している．個性豊かな分割式レイアウトは25台以上に及び，今回もJAM会場に合わせて最適な配置を決定した．モジュールの時代・仕様は各自の考えに委ねられ，それぞれに製作者の思いの詰まった情景が並ぶ．

橋本で各路線が接する鉄道の要衝，相模原市．メンバーの嗜好も幅広い

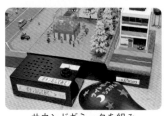

サウンドギミックを組み込んだ盆踊り会場も

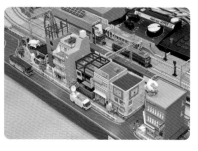

車輌検修庫と街並みのモジュール．ビル建設中の工事現場を自作し，変化を付けている．線路位置以外は各自が自由に作り込むことができるので，運転会のたびに配置を変えて毎回異なる雰囲気をつくり出すことも可能だ

鉄ちゃん倶楽部

Scale 1:150
9.0mm

上越線を題材とした濃密な情景作品で来場者を魅了してきた鉄ちゃん倶楽部. 今回は昨年発表した湯檜曽駅・新清水トンネル坑口モジュールをさらに作り込み, 駅舎まわりの工作密度をブラッシュアップさせてきた. 湯檜曽川の渓流に沿って敷設された沿線を丹念に観察し, どの角度からの観賞にも耐えられるまでに仕上げたモデリングは圧巻. 精巧な作り込みで評判を呼んだ水上駅モジュールもホーム上屋を中心に改良を実施. 出展のたびに細かく手を入れ, 映える情景づくりの最先端をゆくNゲージサークルの一つである.

ロッジ風の湯檜曽駅先代駅舎. 昨年の出展から新たに手すりや看板, 照明などのディテールを追加して完成度を高めている

水上駅モジュールは完成して数年が経ち, 補修も兼ねてホーム上屋を3Dプリンターで再製作した. 軒下にケーシングを成型し, 等間隔を置いて光るドットLED（CODテープ）を収めて蛍光燈の光り方を再現している. またブース上方に多数の照明を設置し, ライトアップによる高い演出効果も来場者を魅了していた

キハ模型部

Scale 1:150
9.0mm

"カップ酒を片手にフラっと列車旅"をテーマに2006年にオープンした東京・日本橋の鉄道居酒屋"キハ"をベースに活動する模型クラブ.

メンバーも同店のご店主とお客さんという間柄で, その和気藹々とした雰囲気は会場でも感じられたところであるが, 毎年店で作品コンテストを開催していることもあって展示作品のレベルは一様に高い.

新規部員も歓迎とのことで, 気になる向きは"キハ"へ足を運んでみては?

伊藤 裕三さん製作の円型レイアウト（写真上段の2種）は, 全方位から眺められるようターンテーブルに載せてディスプレイ. 角度によって違った表情が楽しめる

白川 清明さんはテーマパークのアトラクションをモチーフとしたモジュールを連作中. ストラクチャーはペーパーと3Dプリント混成による自作で, きらびやかな電飾も相まってインパクト抜群

アキバ4線軌条

Scale 1:80・1:150
16.5mm・9.0mm

昨年 "YSJ" の名で出展していた，やすきちさん・杉戸機関区さんをはじめSNSで活動中の面々を中心とする8名のモデラーの共同出展ブースである．

　普段からネット上で積極的に製作の模様をアップして交流しており，メンバーの工作水準も高い．

どこにでもある郊外の工場脇の複線をイメージし，情感豊かに仕上げた杉戸機関区さんの汎用複線モジュール．0.3mm径の自作した架線を張り，増築や改修を繰り返した町工場，線路際の金網や切通に生えた雑草の質感表現，保線機材の朽ち方もリアルである．4月末に着工し3ヵ月半で完成させた．近代的な列車であればほぼどんな車輌を走らせて似合う　【N】

やすきちさん作の下津井瀬戸大橋風モジュール．寸法はデフォルメしつつもLED照明を仕込み，夜景に映えるライトアップも可能にした　【N】

牛乳パックを縮小印刷した紙でコンテナを自作．フリーの牛乳輸送列車を作り上げたわりばしさんの作品．机の上に畳マットを敷き詰め，家でレールだけ敷いてお座敷運転している雰囲気を再現してみた　【16番・N】

ポッポ屋

Scale 1:150
9.0mm

吉村 紅さんが製作を続けてきた江ノ電モジュール．こちらは近年完成した鎌倉高校前駅で，並走する国道134号線の向こうはすぐ海が広がり，関東の駅百選にも選出されている名スポットだ．単線単式ホームの狭隘さと，交通量の多い国道の賑わいの対比．江ノ電の密集美がよく捉えられている

メンバーごとに個性豊かなNゲージモジュールレイアウトを製作しているサークル．車輌工作も本格的で，今回のコンベンションでもテーマの電気機関車展を行い，かつての難所 碓氷峠を超えたアプト式10000形を筆頭に20輌近いコレクションを持ち寄った．

Nゲージ模型でみる歴史を飾った電気機関車．碓氷峠の歴代機を中心に私鉄電機や西ドイツ国鉄103形など印象に残る車輌を集めてみた

福嶋 信人さん作の曲線石積みアーチ橋．宮沢 賢治の『銀河鉄道の夜』に出てくるような橋を主役に据えた．橋は黒ボール紙にレーザー加工で質感を与え，ドライブラシで塗り重ね．山・堆積岩の崖，そして滝や清流と質感表現にも気を配っている

同じく吉村 紅さん作，江ノ電藤沢駅モジュール．模型誌でも度々登場した人気モジュールで，1974年の高架化に際し2つの駅ビルと合築になった2面1線の特徴的な起点駅をバランスよくまとめている

Narrow Gauge Junction

ナローゲージという共通項のもとハイレベルな作り手たちが集結するNarrow Gauge Junction. 見るほどにひき込まれるクオリティーの高さが身上で, 特に情景づくりに関しては模型誌各誌で活躍するトップレベルのテクニシャンが揃っている.

今年のコンベンションテーマに共感して"電気機関車集合！"展を開催. 柴草 敏明さんの草軽デキ13, 鵜飼 健一郎さんのプラ板自作車体をまとめた秋保タイプ凸電, 小泉 宣夫さんのスイス風自由形機, 宮下 洋さんの情感豊かなモジュール"小さな機関庫"など見応えのある一級作品が勢揃いした 【1:87/1:80 G＝9.0】

管 晴彦さんが製作する1:87・6.5mmゲージのフリーランス"日出生交通". Zゲージの線路を用いて実物の610mm軌間を再現したもので, 近作の蒸機2輌はトーマモデル製3Dプリンター成型品キットを9mmから6.5mmに改軌して日本形に仕立てた. 製品同梱の専用動力ユニットも手際よく改造して軌間を狭めている 【1:87 G＝6.5】

熊田 圭哲さんはフランスの車輌製造メーカー, ドゥコービルが製作した0-4-0タンク機を主役に据えたパイクを新作として発表した 【1:48 G＝9.0】

今年6月に亡くなったイラストレーター小林 信夫さんを偲び, 故人がかつて『鉄道模型趣味』誌で発表したインスタントコーヒーの紙箱による1:80スケールのバス車庫を再現. 鵜飼 健一郎さん製作

小粋な作りとウィットに富んだギミックが楽しいsktrokaruさんの作品群. パンと手を叩くとL形ロコが8の字エンドレスを走り始める"拍手でスタートうんてんぱん"（写真左手前1:87 G＝9.0）や, On30の小型DL小編成（写真右奥）などインテリアの置物としても楽しめる雰囲気が好ましい

鵜飼 健一郎さん作の"かるがも軌道大蔵線". 山あいの作業所構内を貫通する小軌道をパイクにまとめた作品で, 1:48のビッグスケールを生かして建物も地面も細部まで丁寧に作り込まれている 【1:48 G＝16.5】

今井 貴裕さん作の"桜山鉱山軌道". かつて日本でも多くの金属鉱山で鉱石搬出に鉱山鉄道が使われ, その世界をパイクに凝縮した. 坑口に吸い込まれた線路は事務棟の地下を通ってヤード裏へと周回. 使い込まれ, 塵芥や錆色が支配する物々しい鉱山の佇まいが実感的に作り込まれている 【1:48 G＝9.0】

関西学院大学鉄道研究会 模型班OB

Scale 1:80
16.5mm

折り返しの転向に欠かせない転車台は英国Hornby製をカトーユニトラックと接続できるように改良したもの．新築の扇形庫は檜材の柱と白ボール紙による自作で，整備性を考慮し屋根の一部は取り外すことができる

中央が新設された貨物列車ヤード．頻繁に繋ぎ替えを行う車扱貨物列車の運転を再現するには実物同様"客貨分離"された配線が必要だった

列車はもちろん当時の考証に基づいたものを選りすぐって走らせている．機種や編成，車輌の作り込みもさることながら，ヤードから列車を牽き出し，折り返しに至る一連の実感的な運転もぜひ味わってほしい

昭和30年代以前の国鉄蒸機全盛時代にテーマを絞った16番組立レイアウトを出展している名門大学の同窓サークルで，2013年の初参加から10年の節目を迎えた．

ターンテーブルで機関車の向きを変え，機回しや入換を行う蒸機の運転にはそれに適したレイアウトが欠かせない．牽かせる客車・貨車の組成にも当時を知る世代ならではの思い出が込められている．

2018年以降レイアウト規模を拡大しており，今回はターンテーブルに加えて扇形庫を新築すると共に貨物列車ヤードを増設．客車列車と貨物列車を分離して実感的な運用ができるようになった．

中古で楽しむ16番模型

Scale 1:80
16.5mm

宮沢模型製のキットをレストアしたED75．元は同じ製品だが，左の14号機は前所有者が完成させた旧作を分解して徹底したディテールアップを施したもので，動力も天賞堂製に換装している．右の４号機は半完成のジャンク品を分解し，オリジナルの雰囲気を残しつつ完成させたもの

こちら試作車ED75の１号機も宮沢製キットベース．仕掛品の塗装を剥がし，天賞堂製パーツに交換．車体裾の段差などを新たに再現している．入手時の状態等により仕上げ方が変わるのも面白い

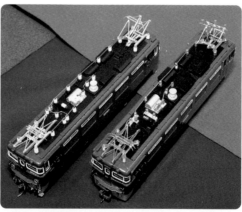

鉄道ホビダスから"木造2軸貨電デワ"として発売されたキットを，秋田中央交通のデワ3001をモデルに一部加工して完成させた作品

中古で入手した16番モデルのレストアを『とれいん』誌上で連載している林 信之さんの個人出展ブース．真鍮製模型は年数を経ても塗装を落としたり組み直したりすることが容易であり，金属工作のテクニックを身につければ数十年前の古い模型も新品のように再生することができる．

林さんはフルスクラッチも行ってきた腕前を活かして中古ジャンクの再生を楽しんでおり，それぞれの製品が持つ製造当時の時代感をうまく残した仕上げも見どころ．今年のJAMテーマに沿って電気機関車をメインにした展示を行った．

関東学院むつうら中学校・高等学校 鉄道研究部

Scale 1:150 9.0mm

2007年の初出展以来，多くの観衆を集めている関東学院六浦中学校・高等学校が再びJAMに登場．江ノ電をテーマに，全12枚のボードを連結し実景の要素をパズルのように織り込んだ名物レイアウトは健在で，実景の変化に即した改修やアクセサリーの追加などが繰り返されている．同時6列車が手動で運転され，単線でのすれ違いや同時発車などが至る所で展開され見飽きることがない．

今回新たに製作された稲村ヶ崎駅のホーム上屋．近年のバリアフリー化工事でスレート葺きからモダンな木造に建て替えられたので，さっそく反映してみた

RFC (Railway Fan Club)

Scale 1:80・1:150 16.5mm・9.0mm

実際の鉄道をシミュレートしたダイヤ運転で知られるRFC．今回は2019年から開発をスタートした"山手線ゲーム"に用いられる技術展示が行われた．"山手線ゲーム"ではバッテリーと自作のデコーダーを搭載した16番の車輌を使用し，スマートフォンからの操作で運転．駅では車掌スイッチや発車ベルスイッチの操作を行い，インタラクティブな遊びを楽しめる．

毎年テーマ路線を変えて実施しているNゲージのダイヤ運転の実演では，過去の開催で使用したジオラマ（八ツ山橋・青函トンネル・荒川橋梁）や，実物さながらの防護区間を持つ自動閉塞信号機を製作している

lococoro

Scale 1:20 32.0mm

人形を乗せて走行できる車輌と線路を製作する竹井 心さんのブース．シルバニアファミリーを乗せられる車輌を作るというアイデアから始まり，今回は鉄道模型とドールハウスの中間の世界観で製作した"ドールトレインコンセプト"というレイアウトを展示．一部の人形を除いてすべて自作．オリジナルの愛らしい車輌は女性にも人気が高いという．レイアウト寸法は1,730mm×1,450mm.

車輌はペーパー製で動力は車載式とし，ゆっくりと走行するようギア比やモーターを調整している．電池駆動のためレール磨き等のメンテナンスが不要

ステのアトリエ

Scale 1:144・1:150 9.0mm

3DプリンターでNゲージの車輌やパーツを製作し，WEB上で出力品の頒布も行っている下浅力也さんの個人出展ブース．

　第二次大戦時に製作されたドイツの列車砲クルップK5や，市販品の戦車を3Dプリント製の80t重平貨車に積載した軍用列車の走行展示も催された．

第二次世界大戦時に製造されたドイツの列車砲クルップK5．ディスプレイモデルではなくR282急曲線を通過できるNゲージ車輌として設計されている．実車は1934年から45年にかけてクルップ社で25輌が製造され，長さ21.5mの砲身が3軸-3軸のボギー台車間に跨る形で搭載されている

渋谷区立代々木中学校 鉄道研究部

Scale 1:150・1:160
9.0mm

在来線においても駅の照明や駅前のストラクチャーを充実させたり改良を進めている。学校は代々木八幡近くにあるため、都心にやってくる多種多様な列車すべてが興味の対象だ

公立中学校のクラブ活動に保護者や地域の方々が一体となって本格的に鉄道模型を楽しんでおり、1周およそ15mのモジュールレイアウト"よっちゅう環状線"を擁して地元の子供たち向けの運転会も積極的に開催している。そのため情景製作やギャップを切っての閉塞運転など、高度なテクニックも駆使されている。

JAMにはコロナ禍を挟んでの出展だが、念願だった新幹線の車輌基地を設置。作って、走らせ、メンテナンスするを各自が分担することで活動を盛り上げている。

駅の傍らに新幹線16輌フル編成を4本収容できる基地を新設。高架橋では車輌の交換を本線上で行うことが難しく、地平で作業できるヤードが切望されていた

キッズ向けに新幹線の体験運転も常時開催し、親子連れから大好評を博していた。自作の専用コントローラーにもご注目を

あつまれ！ 模型鉄道ものがたり

Scale 1:150
9.0mmほか

"自分の模型鉄道の世界を作り上げよう"というテーマで活動しており、Nゲージや16番からナローゲージなど、地域・スケール・時代を問わず、各々が作品とそれにまつわる"ものがたり"を持ち寄って展示した。

若いモデラーの集まりながら明治末期に九州鉄道がアメリカ・ブリル社から輸入した"或る列車"や阪和電鉄"黒潮号"など、鉄道史を彩った伝説の名列車を研究して製作しており、特色豊かなブースとなっていた。

雛壇の中央に飾られた電車牽引の6輌編成は尾崎 義明さんが製作した阪和電鉄の鉄道省直通列車"黒潮号"である。阪和モタ300はMasterpieceのキットをベースに屋根のR修正、前照燈・尾燈を中心に細部を加工。ウインドシルも0.25mm線を半田付けし、立体感ある仕上がりとなっている。オハ31系客車はカトー製のほかレボリューションファクトリーとイエロートレインの真鍮キットから製作し、戦前の華やかな一時代を再現した

ROOM237

Scale 1:22
48.5mm

博物館の展示模型を思わせるビッグスケールで，内装の細部まで徹底的に作り込んだ大形ディスプレイモデルを出展．荷物棚や天井，鉄骨に板を貼り付けた実物の構体骨格に至るまでリアルに再現しており，紙・プラ・MDFなど身近な素材からすべて自作した点も斬新だ．

来場者から熱い注目を浴びていた12系客車（スハフ12 161）のカットモデル．初めて床下と台車も製作し，車体も従来の作品より長くなったため反りや歪みを抑えるのに苦労したという．モケットは実物の質感に近づけるために表面を加工し，AU13クーラーは内部のファンまで再現．TR217C台車は3Dプリンタを一切使わずにプラ材から製作したフルスクラッチ品である

製作中の413系（クハ412-6）も展示．内側の板を貼り付ける前段階のため薄板と骨組みの構造がよく分かる

S&BR

Scale 1:76
16.5mmほか

『きかんしゃトーマス』を模型で楽しむ愛好家の集まりで，英国ものゆえOOゲージがメインというのも日本の鉄道模型では珍しい存在といえる．出展作品はトーマスシリーズの世界観を再現したものが中心で，製品にないキャラクターを自作や改造で揃える高い工作力も見どころである．

　JAMには2019年から三度目の出展だ．

てっちゃんさん製作の"トビーの貨物駅"．製粉所にホームが併設された，のどかな貨物駅の情景【OO】

種さん製作の"エルスブリッジ駅"．トーマスの受け持つ支線が発着するジャンクションを，TV版に準拠して再現　【OO】

トーマスLabさんは，メルクリン製1番ゲージモデルの動輪を流用してパーシーを製作．実際のTV版の撮影用モデルもメルクリン製部品を利用しており，それに倣ったものとのこと．ボディは3Dプリントも活用した自作である

Suga3さん製作の"スカーロイ鉄道"レイアウト．劇中で開業100周年を祝い湖に沿ったループが敷設されたというエピソードがあり，その風景をA1サイズで再現　【OO9】

ken5さんはトミックスのNゲージモデルに準拠したスケールでストラクチャーの製作を進めており，今年は劇中の"ウェルスワース駅"を3Dプリント・紙・プラ材の混成で自作【N】

hitrack

東京都日野市を拠点に活動する５インチ乗用模型のサークル．昨年初めて完成した姿で展示された"北斗星"カラーのDF200形に加え，今回はブース内でも運行加工な小形機として銚子デキ３が加わった．

いずれも車体表面はMDFボード・コンパネなど主に木材で製作し，車内に搭載したバッテリーでモーターを駆動．次位のトレーラーに設置した運転台からコントロールする本格乗用模型である．

北の大地を走るブルートレインへの憧れから架空の"北斗星"色に仕上げられたDF200．ルーバー部分は木板にV字の切れ込みを入れる方法で実感的に再現した

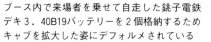

ブース内で来場者を乗せて自走した銚子電鉄デキ３．40B19バッテリーを２個格納するためキャブを拡大した姿にデフォルメされている

五吋小鉄道之会
（ご）（いんち）

乗って楽しむ５インチゲージ乗用鉄道模型の普及を目指して，福掘軽便鉄道・桜崎鉄道・西湘森林鉄道の三鉄道（個人）が昨年に続き合同ブースを出展した．

車輌は一般家庭でも製作できるようホームセンターや通信販売で購入できる木材を用いて自作している．今回のJAMのテーマにちなみ，新作となる緑色の凸型電気機関車EB３をお披露目した．

西湘森林鉄道DB1による乗車体験

西湘森林鉄道EB3．KATOのチビ凸をモチーフとしており，足廻りはモデルニクスの２軸電車メカキットを使用．車体はボード紙に塗装を施しており，載せ替えが可能となっている．壊れた折り畳み傘の骨を流用したパンタグラフなど，随所に創意工夫が見られる

イベントダイジェスト

国際鉄道模型コンベンションの会場では，ファミリーから熱心なファンまで幅広く楽しめるようさまざまなアトラクションが用意されている．ここではそんな会場各所でのイベントの様子を紹介しよう．

模型に見る電気機関車たち

こちらは1:45のビッグスケール作品群．左からこみや製EF65PF（楠居 利彦さん/O），真鍮全自作のED75 1022（宮代 卿之さん/OJ），カツミ模型店製キットから仕上げたEF57 7とEF58 89（同左），青島製ディスプレイ用プラモデルを仕上げたEF66 43（今井 健太郎さん/OJ）である．いずれも愛する1輌を長い時間を掛けて製作した

JAMクリニック講師であり，鉄道模型誌においても数々の作品を発表している熊岡 正之さん，西橋雅之さんの16番電機が一堂に展示された．トミックス・カトー・天賞堂・アクラス・造形村のプラ完成品に実感的なディテール考証やウェザリングを施して魅力を高めている．収集の範囲もEF13からJR貨物の最新機まで幅広い

今年のコンベンションテーマ"電気機関車"は，旅客列車や貨物列車の先頭に立つ力強い勇姿で，鉄道模型でも人気のあるカテゴリーの一つ．過去数多くの製品が発売され収集や作品づくりの対象となってきただけに，会場の至るところでコレクションを持ち寄っての展示会が開催されていた．

エントランスではそれらを代表し，模型誌でおなじみの作品が勢揃い．ひときわクオリティーの高いモデルたちが来場者を出迎えた．

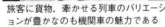

お召列車最多牽引を誇った名機EF58 61（熊岡 正之さん 天賞堂真鍮製加工/16番）

旅客に貨物．牽かせる列車のバリエーションが豊かなのも機関車の魅力である

東京ビッグサイトにSLがやって来た！　協力：羅須地人鉄道協会

千葉県成田市の成田ゆめ牧場"まきば線"を拠点に活動する羅須地人鉄道協会は創立50周年を迎え，今年もまた"ビッグサイト支線"に出張運転に来てくれた．登場した機関車は2020年に協会が製造した新鋭8号機"BAMBINO"で，軌間610mmの軽便鉄道規格ながら本物の蒸気機関車が人車を牽いて100mほどの直線をゆっくり往復し，来場者を魅了していた．【8月18日は展示．8月19・20日は体験乗車会】

スチームに代えて圧縮空気を動力源に自力走行を行った．それでもビッグサイトに響く鐘・汽笛・走行音は会場随一の存在感である．体験乗車料金200円

重量は乗用車2台分の3t．2021年に従輪やキャブ屋根を追加している

伊藤 桃 トークショー "EF63体験運転"

今年のコンベンションテーマに合わせ，学科講習を受け実物の動態保存機を走らせてきた桃ちゃん．1997年に引退したEF63形の現役当時は知らない世代だが，歴史と触れあう探求心は人一倍．重厚な機器が生きた状態で保たれていることに感動したという

鉄旅タレント・伊藤 桃ちゃんが碓氷峠鉄道文化むらを訪れ，かつて"横軽"で活躍したEF63形の体験運転に挑戦．実物の電気機関車を操縦した貴重な体験を語ってくれた．【8月18日・11：00〜12：00】

重量108tもあるEF63形12号機のノッチを入れ，しずしずと旧信越本線を走らせる桃ちゃん．体験当日のビデオを見ながら司会の赤城 隼人さんと熱く語り合う

ぺたぞうの電車王国

プラレールなど鉄道おもちゃを使ってレイアウトを構築し，子供たちと一緒に楽しむぺたぞうさんのイベント出展．狭い空間でも幾重にも重層化することによって立体的な大レイアウトを組むことを得意としており，長い走路を活かした前面展望動画はYouTubeで人気コンテンツ．体験コーナーも好評だった．

Lゲージブロックで作る鉄道模型

独自の鉄道模型システム"Lゲージ"に魅せられたモデラーたちの楽園．ブロックを組み立てて作った建物群をさまざまなLゲージトレインが快走し，今年のコンベンションテーマに沿ってEF66やEH200など電気機関車も数多く登場した．来場者が自分でオリジナル車輌を作って走らせるコーナーも設けられた．

村井 美樹・斉藤 雪乃 "鉄道女子会2023" 司会・進行 伊藤 桃

ステージも観客もみんな鉄道ファン．同じ趣味をもつ者同士の共感が会場を包む

テレビでおなじみの鉄道大好きタレント・村井 美樹さんと斉藤 雪乃さんが，伊藤 桃ちゃんの司会進行でフリートーク．とっておきの鉄道旅行や思い出の車輌まで賑やかに語り合った．【8月18日・14：30〜15：30】

趣味歴は長い3人．華やいだ女子会モードでそれぞれのお気に入りを語り明かす

斉藤 雪乃さん．鉄道を題材としたテレビ・ラジオや雑誌，イベントに引っ張りだこの人気鉄道タレント．地元関西を中心に活動している

女優・村井 美樹さん．鉄道旅や撮影をソフトに楽しみ，趣味を生かして鉄道を取り上げる番組にも数多く出演する

EF81が牽く"トワイライトエクスプレス"など電気機関車に関する話も好評だった

豊岡 真澄・オオゼキタク・栗原 景 "恋する！たび鉄部"

アイドル出身ママ鉄として知られる豊岡 真澄さん．鉄道の魅力を発信し続ける鉄道文化人だ

栗原 景さん．旅と鉄道，韓国を主に扱うフォトジャーナリストで，マニアックな話を楽しくわかりやすく伝えるプレゼン力に定評がある

オオゼキタクさん．国内の鉄道をほぼ完乗した旅好きで，当日は『20番のD』『ヴィンテージ』の2曲を熱唱した

「旅に出たい」は，恋に似てる．あなたの"たび欲"を刺激する鉄道トーク．JAM 2回目となる今年はコンベンションテーマ"電気機関車"を語り合う．蒸機の煤煙から解放され，カラーバリエーション豊富になったことに着目して電機の魅力を紹介した

ママ鉄・豊岡 真澄さん，シンガーソングライターのオオゼキタクさん，フォトライター・栗原 景さんによる鉄道トーク．部活感覚の和やかなおしゃべりをたっぷり90分お届けした．【8月20日・10：30〜12：00】

1/87車輌半田付組立教室

コテの熱で半田を溶かして接合する真鍮工作の基本を学ぶ．コツさえ掴めば模型づくりの幅が大きく拡がるだけに勘所を教わる意味は大きい．必要な工具は無料貸出でプロが親切指導

真鍮製キットを購入して工作指導まで受けられる組立教室．今回の教材は1：87 12mmゲージ，Models IMON製自由型田舎電車＋自由型無蓋貨車キットである．福島交通軌道線を彷彿とさせるスタイルで，パンタグラフ・連結器・動力も付属．キット代金を含めた参加費は19,910円で，4回の工作に出席して塗装直前まで持ち込む本格的な内容だ．【8月19日・20日　11：00〜13：00・14：00〜16：00】

敷居が高いと気後れしていた金属モデルを自分の手で完成させる充実感は格別である．教材は電車と貨車の2輌セットで，会場で完成させたらあとは持ち帰って自分好みの塗装を施すのみ

電気機関車 写真展示

黎明期の輸入機から戦後のEF58までの車輌は蒸気機関車の主台枠構造を踏襲しており，旧型に分類される

旧型の最後を飾ったEF58の1号機から172号機全車を網羅した特集展示も行われた．個性豊かで一線を退く1980年代には大人気を博した

EF66・EF65・EF81など国鉄の長距離輸送を支えた日本の新型機．電化の伸展とともに寝台特急や高速貨物の先頭に立ち，その勇姿は今なお根強い憧れの対象である

蒸気機関車に代わって無煙化の旗手となり，鉄道の近代化に貢献してきた電気機関車．先頭に立って列車を牽引する力強さは鉄道ファンにことのほか人気があり，内外の名機たちの肖像が一堂に集められた．

電化が早かったヨーロッパ各国では個性豊かな電気機関車が多数輩出された

徳永 ゆうき トーク＆ライブ "唄う鉄道"

トークセッションではタンク貨車を牽くEF66やコンテナ列車の先頭に立つEF510など自身の撮影写真を披露．常に一眼レフカメラを持ち歩いており，少しでも時間があれば大好きな鉄道撮影を楽しんでいるという．地方公演への移動も専ら列車利用だ

撮り鉄にして特技は柔道．2014年日本レコード大賞新人賞を受賞した実力派演歌歌手，徳永 ゆうきさんが鉄道への愛を語る．コブシの効いた絶妙トークで会場を沸かせてくれた．【8月18日・13：00～14：00】

張りのある伸びやかな歌声でオリジナル曲『恋は難読駅名』を熱唱する徳永さん．上枝（ほずえ/高山本線），朝来（あっそ/紀勢本線）など珍駅名で綴った歌詞が楽しい

司会は鉄道大好き芸能マネージャーとしておなじみの南田 裕介さんが務めてくれた

"親子で楽しむ" ジオラマ教室

駅名標や自動販売機などのアクセサリーで自由にアレンジ．背景は青空と夕空から選んで変化を付けられる

小学生の親子連れを対象に簡単に作ることができるミニジオラマの組立教室を開催．参加費500円・1回1時間の教室で，今回は駅のプラットホームのペーパーキットを製作した．Nゲージスケールなので完成させたら自宅でお気に入りの車輌の展示台として使うこともできる．【8月18・19日は3回，20日は2回開催】

フードコート

一日中鉄道模型を楽しめ，滞在時間が長いJAMでは会場内にフードコートも設けられている．ダイドードリンコ，峠の釜めしおぎのや，とんかつ まい泉，MILLAN（ミラーン）の4社が自慢の味を提供．コンベンションの飲食スポットとして賑わった．

レールマーケット

モデルシェブロン製/模型工房パーミル発売の"スーパーエクスプレスレインボー"組立見本．ペーパーと3Dプリントパーツの複合構造で，キット価格は7輌77,000円である〔16番〕

模型工房たぶれっと製フリーゲージトレイン2次車3Dプリントキットの組立見本．開発中の試作品が展示された〔N〕

IORI工房製 新潟交通ワ111形ペーパーキット組立見本．フクシマ模型のモワ51に牽かせれば貨物列車に〔16番〕

小規模メーカーを中心に30ブースが集結した物販コーナー"レールマーケット"．模型店でもなかなかお目にかかれないブランドが多く，JAMで初売りとなる新製品・限定品や，ワンオフの特製完成品が目白押し．メーカーのスタッフと直接話せる貴重な機会でもあり，ここでじっくりショッピングするのもJAMの醍醐味の一つだ．

出展社一覧
フジドリームスタジオ501・甲府モデル・Nshell（エヌシェル）
南洋物産株式会社・エヌ小屋・株式会社朗堂・庄龍鉄道・まねき屋模型
城東電軌・みやこ模型・MODEL工房P-6・コリン堂・夢ソフトウェア工房
北野工作所・IORI工房・工房さくら鉄道・TSUKURIBITO・TORM
模型工房パーミル・京神模型 & 河内モデル・ビバン模型製作所・純鉄モデル
イーグルスMODEL・幻想鉄道とR工房・モデルトレインプラス
模型工房たぶれっと・ボンジュック（ATAシステム）・銀河モデル
株式会社ワンマイル & 合同会社モデルアイコン・プレイテクノス

夜行運転デモンストレーション

上野―札幌を結んだ魅惑の寝台特急 "北斗星"
IMON製品のフルインテリア＆フル電飾が際立つ

1/87・12mmゲージ車輌を使い，会場内に暗室を特設して夜行運転を魅力的に紹介するブース．発熱や球切れの心配が少ないLED照明の普及によって，ひと昔前では考えられない実感的な電飾が楽しめるようになってきた．明かりを灯して走る夜汽車の情緒は鉄道模型の魅力を大いに高めてくれる．

JAMっ娘撮影所

今回のJAMっ娘は北海道へ向かう寝台特急の青森以南を牽引した交直流電気機関車EF81形の専用塗色をまとう3人組． "黄昏ちゃん" はトワイライトエクスプレス色， "カシオちゃん" はカシオペア色． "北斗ちゃん" はレインボー色95号機がそれぞれモチーフになっている．会場内には撮影所も設けられた．

フォトコンテスト作品展示

8月19日には展示会場において表彰式が行われた．346点もの応募の中から『台風一過』で大賞に輝いた相澤 靖浩さんには表彰状と賞金が贈呈された

実物の鉄道の姿を記録し，未来へ遺してゆくことは鉄道趣味や鉄道模型を楽しんでゆく上で大切なフィールドワークである．JAMでは2015年からフォトコンテストを開催．今回は "電気機関車" をテーマとし，全国から力作が集まった．約100点の優秀作を会場展示．入賞以上作品は110ページにてご紹介する．

塩塚 博 トーク＆ライブ "駅メロものがたり"

作曲・編曲そしてギタリストとして，ジャンルを問わず数多の楽曲を紡いできた塩塚さん．JR東日本や東京メトロの発メロの多くは塩塚さんの手によるものだ

駅の発車メロディの作編曲や，郷ひろみ・稲垣 潤一らへの曲提供などで知られる塩塚 博さんのトーク＆ライブ．作曲の裏話やおなじみのメロディの生演奏など，第一人者の話が聞ける貴重な機会に大勢の "音鉄" が駆けつけた．　【8月20日・14：00～15：00】

JAM直売所

JAM2023オリジナルのポロシャツ，Tシャツ，フェイスタオルなど多彩な記念グッズが発売された

年に一度の鉄道模型の祭典．大勢のスタッフがイベントを支えている

こちらも今年のJAMオリジナル，オリジナルタンク車タキ1000形（N）イエロー．価格は2,100円

出入口そばに設けられた直売所はノベルティーを買い求める来場者で賑わった．特にJAMのロゴを配したNゲージ貨車はコレクターズアイテムとして毎年楽しみにしているモデラーが多く，購入希望者には毎朝開場前に整理券を発行するほどの人気ぶり．

乗務員が語る蒸機時代7　"蒸気機関車の高速運転"

宇田 賢吉さん（元糸崎機関区・左）
大山 正さん（元仙台機関区・右）

ビデオで出演の川端 新二さん（元名古屋機関区）

当時の乗務手帳や弁装置の原理図を基に，高度な運転技術を解説

現役時代の蒸気機関車を実際に運転していた国鉄乗務員OBによる濃密な思い出話．7回目の今年は高速運転を語る．高速運転とは長距離を機関車無交換で走りきることであり，機関士の加減弁の扱いが定時性と石炭・水消費の少ない経済運転の両立を可能にしていた．元乗務員ならではの臨場感あふれる技術談が半世紀前の蒸気機関車の生態を語り継ぐ．　【8月20日・15：30～16：40】

メーカー・ショップ大集合
企業出展

国際鉄道模型コンベンションは，趣味人とメーカー，ショップとの交流が開催目的の一つに据えている．新製品は常にモデラーの関心の的であり，メーカーにとってもモデラーの声を直接聴き今後の製品づくりに活かせる絶好の場．48もの企業ブースがひしめき，これだけのブランドが一堂に軒を連ねるのはJAMならではといえよう．

（価格はいずれも税込）

ワールド工芸

各地の専用線で運用された日車セミセンターキャブ35 t 貨車移動機〔1:80／16.5mm〕．自社製動力込みキットを会場価格23,100円で販売した

13mmゲージEF15最終型のキットをリリース．自社製動力付き88,000円〔1:80／13mm〕

シャープな真鍮エッチングを得意とし，Nゲージから16番，HOナロー，キット／完成品と金属模型の魅力を発信する老舗メーカー．機関車に関しては動力ユニットの自社開発も積極的に行っている．

ディークラフト（16番）

3Dプリント製の床下空気配管ほか．クハ86奇数車対応（660円），クハ86偶数車対応（660円），80系中間車対応（600円），検水ハンドル 4 コ入り（400円）の4種を発売する

同社製80系キットや旧形国電に広く使える3Dプリント製のモハ屋根上配管セット LA15避雷器（カバーなし）．1輌分入り1,400円

さまざまな世代の国鉄形車輌を16番プラ製品としてリリースする"アクラス"でおなじみの株式会社ディークラフト．アイテムによってキット・完成品の形態を柔軟に使い分けており．今年は近作の80系電車を細密化するための新作3Dプリント製品を多種製作した．

ジェイアール西日本商事（N）

トレインボックスブランドで発売されたJR西日本キハ47形"ノスタルジー・国鉄急行色"のNゲージ製品．製造はトミックスが担当しており，ジャンパ連結器や印刷表現も細部まで作り込んでいる．14,300円

JR西日本の車輌をモデルとしたオリジナル商品を展開し，"トレインボックス"のブランド名で親しまれている．車輌をあしらったクリアファイルやトートバッグなどのグッズ類，また懐中時計や，芸備線でキハ40系に使われていたサボなどの鉄道部品も出品された．

Jelly Models・箱根模型工房クラフト 武蔵野アクト

新メーカー，武蔵野アクトが製作中のスハ43系キット．ペーパー・MDF・鋳造を使い分け，スハ43が予価22,000円，スハフ42が同23,000円〔OJ〕

箱根模型工房クラフトは充填式の遮光材"遮光一発！（1,600円）"を発売．LED照明などの細かな隙間を埋めるのにも便利である

Jelly Modelsは3Dプリントの車輌キット．上はギャロッピンググース（7,000～8,000円．HOn30），下はOナロー 9 mm（1,500～6,000円．On18）の組立見本で，小形レイアウト向きのデザインが好ましい

3Dプリントキットを製作するJelly Modelsをはじめ，3つのメーカーによる共同出店ブース．各社の個性豊かなアイテムが展示販売された．

メディカルアート

東京・練馬に店を構える英国型鉄道模型の専門ショップ．正規輸入代理店を務めるホーンビィ製品を筆頭に車輌からストラクチャー，現行品からヴィンテージモデルまで"英国型"をキーワードに幅広い製品を扱っている．赤と黄に彩られたホーンビィのパッケージはひときわ鮮烈だ．

チェコ共和国の鉄道模型パビリオン

代表のヴラジミールさんが前回のJAMに来場したのをきっかけにチェコ大使館・観光局に働きかけて初出展が実現．チェコ共和国の鉄道・トラムの紹介に加え，プラハ公共交通会社のオフィシャルグッズ，同国内のメーカーによる鉄道トイなど日本ではなかなか目にする機会のないアイテムを購入することもできた．

ホライゾンズ（16番）

"日本と台湾の架け橋になる"を標榜し，台湾の鉄道模型メーカーの日本総代理店を務めるホライゾンズ．2021年7月に創業したばかりの会社で，大阪に本社を置いて鉄道模型の販売・輸出入を手掛けている．会場ではオリジナルの鉄道模型製品のほか，南海電車などの鉄道グッズも販売した．

昨年発売した台湾鉄路局E200〜E400型電気機関車のバリエーションとして，南海のラピートブルーに塗られたE200特別塗装の試作品を展示した．（16番）

鉄魂模型

東京都中野区に店を持つ鉄魂模型．三鷲重工（台湾）・長鳴火車模型（中国）といった中国語圏の製品を得意とし，ショップとしては欧州型や日本型など多岐にわたるアイテムを扱っている．情景用エッチングパーツなどのオリジナルアイテムも各種展開している．

"SEEK SERIES"と題した情景用エッチングパーツや，ミニカーのディスプレイに好適な路面シートなど

アドバンス

車庫キットの試作品．米原機関区の検修庫をモデルとし，屋根はスケルトン仕上げにもできる．基本キット11,000円〜

Zスケールの路線バス．ペーパーキットのボディにUV印刷の外被を貼り合わせる簡単構造で6種類各990円

Zスケールから16番までストラクチャーを手掛けるアドバンス．会場では多くの組立サンプルのほか，発売予定の試作品も披露された．

クラフト木つつ木（N）

主にバス関連のグッズを中心に扱う．埼玉県ふじみ野市の店には日本バス友の会が設置したバス資料室が併設されている．

今回はバスのミニカーを中心に，多くの模型やバス関連の書籍がブースに並んだ．

新製品のペーパークラフト．屋根上機器は別パーツで細部まで克明に印刷され，車体と地面の間のクリアランスなど完成度が高い．各1,900円

東京ジオラマファクトリー（N）

印刷＆レーザーカット済みの1:150ペーパー製ストラクチャーキットを手掛ける新進メーカー．ビギナーでもパズル感覚で簡単に製作することができ，色味もよく吟味されているため無塗装でもクオリティの高い建物をテンポよく揃えられる．新製品として赤い大屋根のティーハウス（2,570円）がラインナップに加わった．

株式会社ディディエフ

省スペース＆高密度の電飾付き完成レイアウト"工場地帯"．会場特価385,000円〔N〕

鉄道模型レイアウトをはじめ，ジオラマのプロフェッショナルとして景観模型や建築模型なども幅広く手掛けるディディエフ．会場では情景系素材とともに完成レイアウト・ジオラマの即売も行われた．

ホビーと用品のEmy, Models Shima

小柄な車体が特徴の新潟交通モワ51.3D出力のキットで、会場限定の特製完成品も販売された（会場価格240,000円）。車輌の前にあるパイロンも同社の製品である

銚子デキ3の試作品を展示。動力付きトータルセットで価格は未定

数少ない日本型Gゲージ（1:24スケール）の車輌やパーツ類を製造・販売するメーカー。Gゲージだからこそ実現できるDCCの迫力あるサウンドやギミックの要望にも応えている。また1:24スケールのアクセサリー類も販売しており、ミニチュアとしても惹かれるものが多くあった。

淵庵村森林鉄道

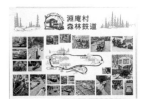

淵庵村森林鉄道で走行する5インチの木曽酒井C4型。宿泊客は無料で当機が牽く列車に乗車することができる

長野県松本市にあるゲストハウスL-BASEを運営するオーナーが、敷地内に5インチの乗用模型鉄道を敷設。宿泊客限定で1周約110mの路線を毎朝運行しており、会場では機関車の展示とビデオ放映によるプロモーションが行われた。

グリーンマックス （特記以外はN）

完全新規アイテムJR九州811系。未更新車のスカート強化後、車外スピーカー取付後の姿を製品化しており、価格は4輌セット24,200円より。12月以降発売予定

国電103系ハイクオリティエコノミーキットをベースにスタッフが製作した作例を一堂に展示した。同社創業の精神"つくる楽しみ"を体現する入魂の特定ナンバーたち

東急6000系（Q SEAT付きクロスシートモード）。行先が点灯化され空調も新規製品に。7輌36,300円で1月以降発売予定

マルチプルタイタンパー09-16（東鉄工業色1:80/16.5mm）。既発売のプラッサー＆トイラー純正色に続くディスプレイキットで、新成型色＆デカールを新規製作。13,200円で今冬発売

地域性豊かな私鉄やJR車輌のNゲージ完成品でおなじみのグリーンマックス。コアレスモーター新動力と精巧な成型技術で商品力が大きく向上し、ストラクチャーモデル"珈琲所コメダ珈琲店"など斬新な企画力でも話題を集める。プロモデラーでもある牛久保 孝一さんと各界名人とのミニトークライブは常に人だかりができるほどの賑わいを見せていた。

実在チェーンストアの模型商品化で話題を呼んだ"珈琲所コメダ珈琲店"。会場では照明組込例も展示された。完成品5,940円で10月発売

ロクハン （Z）

103系瀬戸内色・仙石線色。いずれも低運転台車で瀬戸内色はごく初期に短期間存在した下関配置車がプロトタイプ。4輌各21,780円で今冬予定

"Zショーティー"次期新アイテム、205系山手線色と京葉線色。発売時期・価格は未定

EF58形150号機（茶色）・127号機（青色）。既発売の61号機とはもちろん別金型で、小窓前面やビニロックフィルターといった特徴が再現される。各19,580円で今冬発売

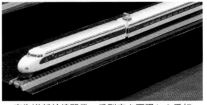

東海道新幹線開業一番列車を再現し0系初期型"ひかり1号"。フル編成セットは初回限定生産で12輌セット62,480円。10月発売

数ある鉄道模型の中でも最小規格のZゲージを日本形でも楽しめるよう精力的に製品開発を行うリーディングメーカーで、ブランド名は軌間6.5mmに由来している。その小ささゆえ省スペースでダイナミックなレイアウトを楽しめるのが魅力だが、さらにミニマムを追求した"Zショーティー"シリーズも人気で、フットワーク軽く新アイテムを発表している。

動輪堂

鉄道をテーマとしたオリジナルの映像作品を制作する動輪堂. "総天然色の列車たち" "貨物列車大紀行" シリーズなど人気タイトルのDVD・ブルーレイ作品を会場特価で販売した.

一般店舗では入手困難な旧作も販売可能なものはすべてラインナップされた.

エクスプレスショップはやて

鉄道の町・田端に店舗を構え, あらゆる鉄道関連アイテムを買取・販売するエクスプレスショップはやて.

鉄道模型ももちろん守備範囲だが, 会場では大小さまざまな実物中古部品が何といっても目を惹いた. こういったものは一期一会だけに訪れるファンの眼差しも真剣そのものであった.

ホビーランドぽち

関東・関西エリアを中心に東海・九州にも店舗を持ち, 中古鉄道模型ショップの代表格として知られるホビーランドぽち. ブック型ケースがギッシリ陳列された同社ブースはJAM名物のひとつである. 会場特価での販売も行なわれ, ブース内は終日来客が絶えることがなかった.

株式会社ロータス

翻訳業を本業とする会社だが, イベントでのみ鉄道グッズを発売. 6,000mAhの大容量新幹線フェース型モバイルバッテリーやD51・DD51をあしらったTシャツを販売. 価格はそれぞれ500円, 1,500円. 複数購入での割引も行われた.

新大阪模型

現在は主にインターネット上で販売を行う模型店. Nゲージから16番に至るまで数多くの中古模型を販売し, 多くの人が掘り出し物を探しに詰めかけていた. 会場限定のくじ引き（1回600円）が景品の品揃えの良さから人気で, 1等はプラレール, 2等は鉄コレであった.

アネック

鉄道やバスの前面展望を収録したDVDやブルーレイを発売. 運転席からの普段味わえない臨場感あふれる映像が楽しめる.

（株）交通趣味ギャラリー

東京・新橋に本店を構え, 実物部品をはじめとする鉄道関連アイテムの買取・販売ショップとして長年定評のある交趣ギャラリー. 鉄道部品や記念交通系ICカードなどグッズ類を幅広く販売. 模型も近年の製品から年代物まで中古の品揃えが豊富で, 掘り出し物を求めて多くの来場者がブースを訪れた.

Models IMON（物販）

首都圏に6店舗を構えるIMON. グループは今年創業100年の節目を迎えた. 実店舗同様, 各社・自社製品を幅広く取り揃え, 来場ポイント付加のためのポイントカード端末も設置. 終日来場者で賑わった.

レボリューションファクトリー（N・16番）

Nゲージ，16番の車輌用インレタ・ステッカーを手掛けるレボリューションファクトリー．今回も膨大なアイテムを品番順に並べたクリアファイルをブースに置き，多くのモデラーが足を止めていた．

電車ごっこグループ

3Dプリントキット試作品

都営地下鉄新宿線10-000形8次車（16番）

鉄道グッズの企画製造や中古模型の販売＆買取，各地のイベント出展まで幅広く活躍する電車ごっこグループ．今年もファンの心を掴んだアイテムでJAMを盛り上げてくれた．

東武・野岩・会津6050系のミニチュア方向幕．5,500円

機芸出版社

田中 秀明さん作
"中総鉱業鉄道"

小林 信夫さん原画展

月刊『鉄道模型趣味（TMS）』版元．単行本『田中車輌の時代』をはじめ新刊の販売や，クリニック講師・田中 秀明さんのレイアウト "中総鉱業鉄道"，先頃亡くなった小林 信夫さんの原画展示が好評だった．

REST（N）

韓国の新幹線，KTX2の試作成型品も展示．本製品はプラ製の塗装済完成品となる．10輌セット5万円前後での発売予定

1輌分250円
6輌分1,300円

通勤電車の乗客を再現するパーツを発売．透明フィルムに様々なポーズの人を印刷したもので，着席客と立ち客の2種類で立体感をつける．

株式会社エリエイ

月刊鉄道模型誌『とれいん』版元．ファンの視座に立った資料性の高い鉄道図書を刊行しており，会場では新刊書籍のほか輸入模型やHOのフィギュアなども販売した．誌面掲載作品の展示も行なわれ，多くの来場者で賑わっていた．

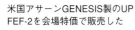

米国アサーンGENESIS製のUP FEF-2を会場特価で販売した

ミニチュア人形のYFS

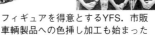

フィギュアを得意とするYFS．市販車輌製品への色挿し加工も始まった

梅桜堂は新製品，食堂Aと食品サンプルケースを出展．16番用など複数縮尺

東京・秋葉原に店舗を構えるミニチュア人形の専門ショップ．ストラクチャーキットメーカー梅桜堂との共同出展を行った．

RM MODELS

月刊 "RM MODELS" 版元．新刊『オオカミが電車を運転するだけのマンガ』を販売し，作中に登場する架空車輌，毛鉄1500系のNゲージ作品（製作：中野 本町さん）も併せて展示された．

MONTA

Models IMON秋葉原店に隣接する中古・委託・アウトレットに特化した専門店．
今回のJAMでは人気の中古品販売のほか "Models IMON 25年の軌跡" と題した特設コーナーが設けられ，同社がこれまでに手掛けたオリジナル製品も一堂に展示された．

KATO （特記以外N）

KATOお得意の振り子機構付きで発売されるJR西日本283系 "オーシャンアロー" 9輛43,780円，6輛基本29,040円，3輛増結15,180円の3種を設定．12月予定

JR東日本E257系の波動用5000番代（9輛31,680円）と，"草津・四万" "あかぎ" 用5500番代（5輛20,900円）試作品．側面の繊細な図柄はタンポ印刷で再現．12月予定

1:80／16.5mmの165系800番代試作品．低屋根仕様となるのはもちろん，クハ165奇数車とモハ165（写真で未着色の2輛）が初登場となる．4輛セット51,700円，モハユニット2輛29,700円で11月発売

同社製ジオラマ素材や植生表現ツール "芝生の達人" を用いた工作を披露し，情景工作の魅力をアピールした

日本のNゲージのパイオニアであり，業界をリードする総合メーカーKATO．日本形・欧米形，16番モデルも含め完成度の高いモデルをコンスタントに送り出し，線路やレイアウト用品まで幅広いファンを獲得している．ブースでは2023年秋〜2024年初頭の発売予定品を中心とする試作品展示のほか，ジオラマ製作実演や新型制御機器のデモンストレーションも実施された．特に試作品に関してはスタッフ自らマイクを握ってアナウンスし，来場者に見所をわかりやすく紹介していた．

参考展示されたポケットライン向けパワーパック．電池式の旧モデルより小振りで，現行コアレスモーター動力に最適の特性に

エンドウ （16番）

8月に発売された近鉄 "あをによし" の完成品を展示．実車同様ロングセラーの12200系をベースに最新の技を融合させ，高級感あふれる観光特急に．4輛547,800円

9月発売のDD53は車体のみを展示．前面は真鍮絞りで肉厚を薄くするなど "プレスのエンドウ" の真骨頂を見せる．1号機＋ロータリーヘッドの完成品が495,000円

プラスチック完成品として今年秋〜冬頃発売予定の小田急3000形の試作品．なお塗装は仮のものである．予価は5連SSEが143,000円，8連SEが217,800円

16番ブラスモデルの老舗で，近年はプラ量産品も手掛けるエンドウ．編成物の電車・気動車を得意とし，高度なプレス技術や模型動力の走りを一新させたMPギヤ，堅牢なレールシステムなど技術志向の強い総合メーカーである．真鍮製では豪華観光列車の商品化に対応して，きめ細かな装飾や塗装の再現に注力しており，そうしたノウハウは量販製品のプラスティック完成品にも遺憾なく発揮されている．

カツミ （16番）

左は北近畿タンゴ鉄道 "タンゴエクスプローラー" 2次車．11月発売予定で，完成品3輛399,300円．右は東武鉄道のヨ101で，こちらはキットを発売予定．価格未定

30年ぶりに金型を新規設計したキハ183系500番代．新製当初の姿で，従来品になかったキハ184形0番代もラインナップする．完成品で1輛80,300円〜118,800円

近未来的な前面を持つ横浜市交通局1000形を新規に設計．日車製2次車を非冷房の姿で製品化する．完成品3輛297,000円

プレス加工や鋳造部品を駆使して製造される真鍮製模型．熟練の手作業による組立工程を記録したビデオも放映され，観客を魅了していた

16番をメインに真鍮製模型の中核メーカーとして76年の歴史を刻む老舗である．首都圏と大阪に直営店を構えるほか，鉄道をテーマとした各地の博物館で人気の大規模レイアウトは多くがカツミ製．製品は編成物の完成品が主力だが，近年では気軽に金属工作の楽しさを味わえるチャレンジシリーズ，エッチング主体で中間層向けのB-Ligthtシリーズなど新しい取り組みも行っている．

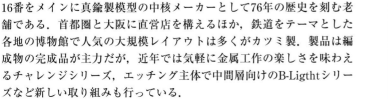

Railway Shop

基本ファイントラックセット．210×148mmのエンドレスで，枕木色は灰色と濃茶色の2種を販売．各4,000円

英国HST，ドイツのBR221ディーゼル・ジルバーリンゲ客車，カナダFP9ディーゼルなどを新発売

1:450・3mmゲージ（T Gauge）の鉄道模型を製造する中国のメーカー．車輌から線路，ストラクチャーまで様々なアイテムが展示・販売された．日本形にも力を入れており，新たにN700S新幹線，113系2000番代を製作中である．

わき役黒ちゃん

1:80先行販売品より．開放寝台でくつろぐ乗客を再現した"寝台列車の浴衣の人たち"．8体入り4,800円．備え付けの浴衣が懐かしい

こちらも1:80先行販売品で，"昭和風の女子高生"は夏服・冬服各2種があり3体入り各1,800円．"ミニバイク"は人形なし4,800円/人形付き各5,800円

フィギュアやLED照明を中心にオリジナル商品を展開しており，各種スケールの所作豊かな人形・情景素材を豊富にラインナップする．正式リリース前の製品も先行販売．表示の価格はいずれも会場特価．

ペアーハンズ

北住別鉄道軽便列車キット．機関車・客車・タンク車のセット．下廻りは他社製Zゲージ車輌から別途調達して仕上げる．〔Nナロー/4,400円〕

軽快ロッド式DLキット．下廻りにはアルパワーN-16を別途購入する．〔On30/5,280円〕

群馬県太田市で井上 政男さんが営む創業34年の専門店．オリジナル真鍮エッチングキットの老舗としても知られる．NゲージのほかOn30（1:48 16.5mm），HOn30（1:87 9mm）など軽便鉄道ものも得意としている．

オズモファクトリー

16番・Nゲージの情景に活き活きとした生命感を与えてくれる信号機や，実感的な架線柱を中心に地上施設を開発しているメーカーである．モデラー視点に立ったきめ細かな作り分けが持ち味で，3Dプリント，チップLED，電子基板を駆使してシステマチックな製品展開を行っている．

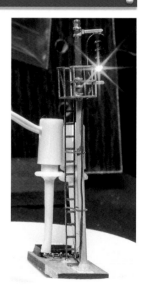
1:80の4燈式信号機（880円）を新発売．信号機支柱A（1,650円）．2〜6燈式信号機制御キット（3,960円）と組み合わせてレイアウトに設置し，自動点燈切替えが楽しめる

シモムラアレック

真鍮線を曲げて簡単にコの字状の手すりを量産できる"WANIRA"．真鍮線はφ0.3mm・0.5mmの両方が折曲可能で，曲げ幅は2mmから12mmまでに対応する．2,900円

プラモデルの産地，静岡市で模型製作に特化したオリジナルハンドツールを開発する専門メーカー．精密加工を繰り返す鉄道模型にとって優れた工具を選ぶことはとても重要である．工作を快適にしてくれるアイデアツールにモデラーは興味津々だ．

SHOPねこまた （N）

企画室ねこまた製品発売元．手持ちの市販Nゲージ車輌に変化を付けられるコンバージョンタイプのキット＆パーツを展開しており，作りやすいプラ成型で誰でも簡単にバリエーションを増やすことができる．

"こんてにゃあ"シリーズ国鉄冷蔵コンテナR10，R13形試作品．6個入りで予価各1,980円

ショーティモデル"ますこっとれいん"は飯田線，大糸線，福塩線などに対応する新たな前面・側面パーツが登場した．各1,000円

トミーテック （特記以外N）

実物の開業を祝うように早速製品化された鉄コレの宇都宮ライトレール．ディスプレイモデルが5,500円で設定されるほか動力や軌道・制御機器を含む運転セットも16,500円で用意された

完全新規アイテムのトミックスJR西日本221系．スカート延長・ヨーダンパ追加後の未更新後半期の仕様を製品化している．4輌基本セットA18,700円ほか3種展開で11月発売

木造駅舎セット（寒地タイプ）と対向式ホームセット（ローカル型）の試作品．屋根の雪止めや待合室の扉など寒地向けのディテールを再現している．発売時期・価格は未定である

16番では実車の引退に合わせ国鉄/JRの名優117系が新規製作で登場．京阪神仕様の新快速オリジナルスタイルで6輌89,980円．11月発売．〔1:80／16.5mm〕

TOMIXブランドを軸に"ジオコレ"シリーズでも年々新たな領域に挑戦し続けるトミーテック．各ジャンルの試作品が豊富にディスプレイされたが，中でも新発表となった木造駅舎セット（寒地タイプ）やプラットホームのニューアイテム，実物の開業に合わせてリリースされた宇都宮ライトレールHU300形を前面に押し出していた．

床が支柱で支えられた対向式ホームセット（桁式）．キット形式3,520円で10月発売

モーリン

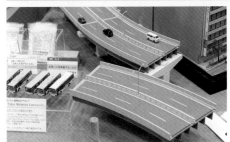

商業施設の大形レイアウトの製造やメンテナンスも請け負っており，実績に裏打ちされた豊富な商品ラインナップを誇る

新製品の都市高速道路．MDFとペーパーの組み合わせで構造で丈夫さと外観を両立させている．直線部が4,400円，曲線部が4,950円

スタイロフォームやパウダー類，石や砂，水面製作用樹脂など情景づくりに欠かせない素材を豊富に取り揃えるモーリン．近年ではレーザーカットで簡単に組み立てられるオリジナルストラクチャーを充実させている．

アルモデル

マロネ39（マロネ37400），スハネ30100（スハネ31）を新発売．室内の寝台ハシゴも付属する．屋根や床板，台車は別売．各4,290円

NゲージからOナローまで様々なスケールの真鍮キットやパーツを展開するアルモデル．小形動力の豊富なラインナップも工作派モデラーから高い支持を集めている．事業を継承したキングスホビーブランドの客車に力を入れており，Nゲージで蒸機や旧形電機の時代を再現するには欠かせない存在になってきた．

マイクロエース （特記以外N）

久々に再販となる国電103系ATC車プラキット〔1:80／16.5mm〕．失われていたモハ102用床下機器が新規製作され，台車装荷型動力の組込を考慮した床板，連結用ドローバー，金属車輪も付属する．4輌セット10,890円，モハユニット6,050円

Nゲージ完成品をメインに展開するマイクロエースだが，ロングセラーを誇るプラモデルのラインナップも同社の強み．今回は新規金型を加えて久々に再販される103系キットが注目株で，会場でも色鮮やかな組立例・加工例をズラリと展示して工作ファンにアピールした．

発売予定品から，ステンレスコイル輸送用無蓋車トキ21000形．特徴的なコイルの受台や作り込まれた床下機器が見所．3輌セット8,470円

ホキ34200（奥多摩工業）．石灰石ホッパ車ホキ4200の荷台上にカバーを取り付けた形式．4輌11,000円

今年の会場限定品は"クハ115 上沼垂運転区控車タイプ"．2輌セットで10,000円

シキ600・800など大物車を改良し，曲線での張り出しを抑えた試作モデルが展示された．複線間隔37mm・R280の曲線でも対向列車に支障しないとされている．製品仕様詳細未定．

天賞堂 （16番）

2024年発売予定のEF81．新サウンドシステム付きのダイキャストモデルで代表的な4タイプの試作品が参考展示された．本製品はHゴム色やつらら切りの差異化で15種類の展開となる

2024年発売予定のプラ完成品，小田急7000形LSE．写真は原形と更新車の着色サンプルで，他に晩年の復活塗装も設定され，愛称表示は3コマの変換式となる．価格未定

その次のプラ完成品は国鉄157系．テストショットがいち早く展示され注目を集めた．詳細は未定だが非冷房準急色，冷改後特急色，晩年仕様が設定される．2024年初夏予定

一流店がひしめく銀座に本拠を構える16番高級模型の代表格，天賞堂．精緻で煌びやかなブラスモデルのイメージが強い同社だが，近年はダイキャスト製品やプラ完成品，さらにそのプラ16番の入門にも好適な"T-Evolution"シリーズなど低価格帯のモデルも充実させており，新たな顧客層を獲得している．JAM会場でも各ジャンルの次期新製品が試作品として展示され，熱い注目を浴びていた．

トラムウェイ （16番）

同社初の電車製品となる国鉄101系．展示品は第1弾となる標準屋根車の朱色塗装で，6輌セットが92,400円，増結用サハ101-200・サハ100-200が各13,200円．このあと低屋根800番代や黄色などを展開してゆく

12系和風客車"江戸"と液化アンモニア用タンク車タキ18600．"江戸"は6輌セット85,800円，タキ18600は標記の異なる2輌セット2種で各20,790円を予定

EF13形（箱型車体載替後，甲府機関区で砂箱位置変更タイプ）は39,600円．EF58はお召機60・61号機の一般仕様時が追加され，61号機はため色・ぶどう色2号の2種，60号機は前面大窓時代の姿で各35,200円

キハ20系二段窓車．キハ20 200・キハ25 200・キハ52 100がそれぞれ動力付き27,390〜27,940円，動力なし12,540〜13,090円で設定される．塗色はいずれも一般色ツートンである．11月発売

"かもめ"を牽引したC59 77号機が登場．価格未定

外国形の輸入販売に端を発し，近年では1:80スケールを中心としたオリジナルのプラキット・完成品を精力的に開発しているトラムウェイ．会場でも最新の試作サンプルを各種展示．各種モデルや部品類の即売も行なわれ掘り出し物を求めるファンが絶えなかった．紹介する製品はいずれも塗装済完成品で，記述のないものは発売時期未定である．

Models IMON （特記以外HO1067）

計30輌が製造されたオシ17形を各タイプ別に製作．専用のシュリーレン式台車（オシ17 1〜9はTR53，オシ17 11以降はTR53A）の他，冷房装置など特色ある装備を考証し，多様な形態で製品化予定である．床下の中心に梁が入った一般の軽量客車とは異なる床下構造まで再現される

開発中のEF66．IMONコアレスモーター2個による全軸駆動でタングステンウエイト採用など牽引性能にも拘っている．前期車がひさし無し，JR貨物車はひさし有り，スカートも前期車・JR貨物車・JR西日本車の3種類を作り分ける

プラ製車体で開発中のオハフ33．キャンバス屋根の継ぎ目をプラ成形でリアルに表現している

頸城コッペル西武山口線仕様の完成品．西武山口線の井笠客車2種類も追加予定．〔HOn30〕

真鍮キットで企画中のEF30．1次と2次の2種を予定しており各部の形態差を的確に作り分ける．動力はIMONコアレスモーター1616による6軸駆動となる

HOの縮尺1:87に則って狭軌車輌の繊細なプロポーションを追求できるHO1067．今年25周年を迎えたModels IMONがメーカーとして特に力を注いでいるジャンルである．

真鍮模型の伝統を受け継ぎつつ積極的に新技術を採り入れているのも特徴で，妥協を排した丹念な考証と作り込みでIMONブランドにふさわしいクオリティが醸成されている．

【特別講演】

地図でたどる東京付近の線路の変遷

講師／今尾　恵介

一般財団法人日本地図センター客員研究員
日本地図学会「地図と地名」専門部会主査

2023年8月19日（土）
14：00〜15：30／特設ステージ

網の目のように張り巡らされた東京の鉄道網はどのような過程を経て形成されてきたのか．地図を通して解き明かす90分の特別講演が行われた．

今尾 恵介氏

新橋停車場

地図でたどる東京付近の線路の変遷というテーマでお話しいたします．日本で最初の地形図といわれる2万分の1の迅速測図をご覧に入れます．【地図①】　西南戦争で苦戦した経験から地形図の必要性を痛感した明治政府が明治13年（1880年）から作らせたもので，日本最初の鉄道始発駅，新橋停車場も描かれています．正式開業日は明治5年（1872年）の旧暦9月12日．新暦に直すと10月14日で，鉄道の日が10月14日とされているのはこれが由来です．

新橋駅は龍野藩の大名屋敷跡に建設されました．【地図②】　新橋とは汐留川に架かった橋の名称で，今ある港区新橋という地名が付いたのは昭和7年（1932年）のこと．橋の名前を付けたのは，イギリスの鉄道技師から「ロンドンやパリのような大都市の起点には市名ではなく，そこの地域名や広場などを駅名にするものだ」と教わったからではないかと私は想像しています．

高輪ゲートウェイを中心とするJR東日本の再開発のとき発掘したら築庭が良い状態で発見され，その中に信号機の台座まであったというので話題になりました．【写真③】水際にたくさん杭を打ち地盤を固めて波除けにしていました．発掘されたレールは上下ひっ

くり返しても使える双頭レールで，現在のような鋼鉄製ではなく錬鉄製でした．枕木に犬釘で固定する後の方式とは異なりチェアという金属製の台座の上にレールを置くという形でした．

ピンク色で囲ったのは明治22年（1889年）の東京府15区＝ほぼ江戸のおおまかなラインです．【地図⑤〜⑦】　新橋—横浜の次に東京にできた鉄道は明治16年（1883年）の日本鉄道で，北へ向けて上野—熊谷を開業しました．

東京の外れを通した山手線の西半分

山手線は上野から北へ行く日本鉄道と，新橋から南へ行く官営東海道本線を接続するために品川から赤羽を結んで敷設された路線です．【地図⑥】上野と新橋を直接結ぶのが理想的ですが，ここは江戸時代から密集市街地で，お金も時間もかかるので田舎を通しました．最初は1日6往復ほどの運行でした．

新宿から西側へ多摩で初めての鉄道として甲武鉄道（現中央本線）が明治22年（1889年）4月に開通しました．まず小金井の桜の花見客輸送に間に合わせるため暫定開業で立川まで，多摩川の鉄橋が竣功して8月に八王子まで開業しています．

■**渋谷の様子【地図⑧】**：春の小川がさらさら流る．唱歌『春の小川』で詠まれているのは渋谷川の支流の河骨川（現在は暗渠化）とされ，それぐらいのどかだったのです．

■**池袋の様子【地図⑨】**：池袋にはもともと駅がなく，豊島線という田端へ行く今の山手線の一部が開通したとき分岐点として信号所ができ，それが旅客駅に昇格しました．池袋村の東の外れ，蟹ヶ窪という場所で，西側に尋常師範学校（のちの東京学芸大学附属豊島小学校→東京芸術劇場）．右側に見えるのは巣鴨監獄（のちの「巣鴨プリズン」）です．

明治36年（1903年）．東武鉄道と総武鉄道（のちの総武本線）が加わりました．新しい路線はみな私鉄です．甲武鉄道（のちの中央本線）は都心の飯田町まで伸びてきました．【地図⑦】

電気鉄道の隆盛

大正4年（1915年）【地図⑩】　電気鉄道がにわかに増え，北側に王子電気軌道，西側に京王電気軌道が大正2年（1913年）に笹塚—調布間に開通し，その後新宿（新宿追分．現在の伊勢丹前）まで延伸された状態です．

大正12年（1923年）．東京駅に中央線が繋が

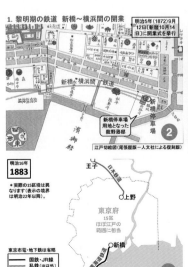

1. 黎明期の鉄道 新橋〜横浜間の開業

明治5年（1872年）9月12日〔新暦10月14日〕開業式を挙行

発掘された双頭レールと枕木。レールを固定するチェア

高輪の再開発で発掘された開業当時の築堤と信号機台座

令和3年（2021年）9月19日の見学会にて撮影

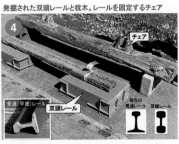

明治16年
1883

※実際の15区図は異なります（表示の境界は明治22年以降）

明治22年
1889

春の小川がさらさら流れていた頃の渋谷村の停車場風景

1:20,000迅速測図「内藤新宿」明治30年修正

明治36年
1903

池袋駅ができてまだ6年。北豊島郡巣鴨村大字池袋…

1:10,000「早稲田」明治42年測図

りました.【地図⑪】上野—秋葉原はまだ貨物線です.この区間が高架の旅客線になったのは大正14年(1925年)のことで,そのとき山手線が環状運転を始めています.

昭和2年(1927年)というのはなかなかすごい年で,まず小田急が4月1日に新宿—小田原を一気に開通させ,次に西武鉄道(旧)が4月15日に高田馬場(仮駅)—東村山を開通.東京横浜電鉄(現東急東横線)が8月28日に渋谷—丸子多摩川を開通させ,従前からあった丸子多摩川—神奈川を含めて渋谷から神奈川が全通します.【地図⑫】これらは最初から高速電気鉄道仕様で建設されました.

東京市の交通政策も影響

ターミナルは押上・三ノ輪橋・大塚・池袋・高田馬場・新宿・渋谷・目黒・五反田・品川と,東京市のエリアの外側,もしくは境界線上にあることがわかると思います.境目にある理由は東京市の交通政策として「東京市の中には電気鉄道を入れない」という方針をとったためです.「万里の長城」などと言われましたが,そのために東京の市と郡の境目にターミナルが林立することになりました.たまたま市の境目を通っていた山手線の各駅が電気鉄道との接続駅となり,結果的に行政の交通政策が大ターミナルへの発展を後押しすることになったのです.

地上の鉄道は昭和10年(1935年)までに役者がだいたい出揃い,あとは戦後に大きく発展する地下鉄と新幹線,昭和60年代以降臨海部に京葉線・りんかい線・新交通ゆりかもめができたことが大きな変化です.【地図⑬⑭】

動力面からも電車の出現で路線網が急発展

次は動力別に述べていきます.日本の鉄道は大雑把にいうと蒸気機関車が牽引して旅客・貨物を扱う通常の「鉄道」と,馬車鉄道をルーツとする「軌道」の2種類に大別されます.根拠法が異なり,当初は軌道条例という馬車鉄道を対象とする法律がありました.日本で初めての馬車鉄道は明治13年(1880年)に設立された東京馬車鉄道で,新橋停車場から銀座・日本橋を経由して,万世橋・上野・浅草とラケット状に結ぶ路線を作りました.最初は原則随意の場所で乗降でき,線路の幅は4フィート6インチ(1,372mm)と世界的に珍しい規格を採用し,東京ではこの馬車鉄道が電化されて電気軌道へと発展していきます.

日本の鉄道はイギリスからシステムごと輸入して始まっていますが,イギリスでは1846年に軌間統一法が制定され,鉄道の軌間は1,435mmでなければならないと決まっていました.なぜ日本が1,067mmにしたかについては諸説ありますが実は明確な史料はなく,はっきりしていません.軌道の1,372mmについてもスコットランドの鉱山で使われていた規格ですが軌間統一法で廃れ,世界的にも稀な軌間となっています.もしこれらの経緯が文書で解明されれば大発見になるのですが.

電車が日本で初めて走ったのは明治23年(1890年),上野公園で開かれた第3回内国勧業博覧会です.

世界初の電車は1881年にドイツ・ベルリン郊外のリヒターフェルデで走った専用軌道で,このときのものは鉄道模型のように左右の線路にプラスとマイナスを通電していたそうです.安全上から人の手が届かない高所に架線を張るべきとなり,普及した集電装置がスプレイグ式です.フランク・スプレイグさんは元アメリカ海軍の研究職でエジソンの研究室に入って電気関係のさまざまな発明をした人で,滑車を付けたポールで集電し,帰線電流は線路1本に流すという仕組みをつくりました.

スプレイグ式が最初に登場したのは100‰の急勾配のあるリッチモンドでした.馬車鉄道では大変だった急坂をすっと上がっていくのを見てみんな電気鉄道の威力を実感したわけです.東京電燈技師長の藤岡 市助さんがスプレイグ式電車をアメリカで見て買ってきて第3回の内国勧業博覧会でお披露目した,という流れに繋がります.【写真⑮】

営業路線として日本で最初に電車を走らせたのは明治28年(1895年)の京都電気鉄道(京都—伏見間)で,東京は明治36年(1903年)の東京電車鉄道・東京市街鉄道が最初とやや遅れましたが大正時代には主要道路にくまなく路面電車が走ることになります.

急速な工業化を追い風に

大正時代に入ると第一次世界大戦を契機に日本は新興国として急速に工業化し,近代的なライフスタイルに変わっていきました.企業・工場が大形化し,人口が1.1倍にしかなっていないのに鉄道の輸送量が2倍になるほど日常的に鉄道を利用する人が増えていったのです.勤め人が増えたことで職住接近形の社会から通勤へと生活形態が変化しました.勤め人は子供の教育にも熱心で,旧制中学校や商業学校,工業学校,教員を育てる師範学校が次々に作られ,お父さんは電車で会社へ通勤し,子供も電車に乗って通学するという今に通じるライフスタイルができあがっていきました.サラリーマンになると休日をどう過ごすかという余暇の活用で,神社仏閣に加えて温泉・遊園地・ハイキングなど観光需要が増大します.レジャーのお客さんを取り込むために特に私鉄各社が積極的な営業活動を行います.京浜間・阪神間など都市間輸送も活発になりました.【グラフ⑯】

あとは車輌の高性能化による輸送力の増大

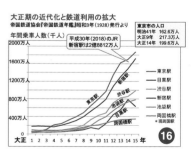

大正期の近代化と鉄道利用の拡大

日本で初めて走った電車－東京電燈スプレイグ式電車

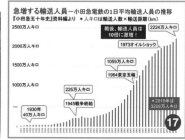

急増する輸送人員－小田急電鉄の1日平均輸送人員の推移

8. 東京の地下鉄網の発達

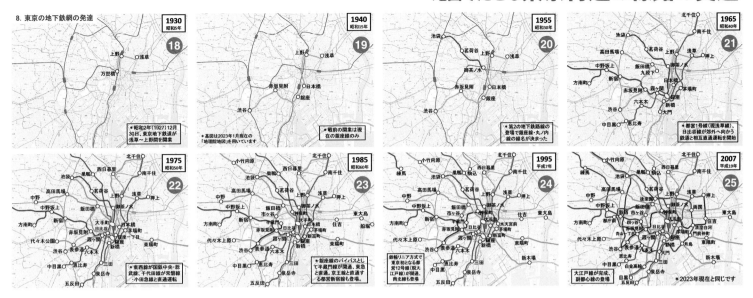

や高速化も急速に進みました．戦後の日本の鉄道の旅客輸送量は『小田急五十年史』によれば終戦からオイルショックまで10倍という今の世では考えられない勢いで伸びています．【グラフ⑰】

相互直通で大発展した地下鉄網

東京の地下鉄網の発達を見てみましょう．昭和5年（1930年）の時点では浅草—万世橋間だけでした．【地図⑱】　昭和14年（1939年）1月には新橋以西を東京高速鉄道が開通させ，渋谷まで伸びます（9月から直通運転）．【地図⑲】　昭和16年（1941年）には国と東京都・東京市が出資する帝都高速度交通営団に統合．戦後になって初めて二番目の地下鉄が池袋—御茶ノ水間に開業し，今までの浅草—渋谷間を銀座線，新線を丸ノ内線と呼ぶようになりました．【地図⑳】　それからわずか10年で日比谷・東西線・都営地下鉄浅草線が開通しました．【地図㉑】　昭和50年（1975年）までには千代田線・有楽町線・都営三田線（6号線）が開通し【地図㉒】，昭和60年（1985年）までには都営新宿線・半蔵門線が開通．【地図㉓】第三軌条集電の銀座線と丸ノ内線を除いて，新たに建設された路線は相互直通運転仕様となっており，郊外電車との直通運転が東京の地下鉄の大きな特徴となっています．

1995年（平成7年）になると南北線や鉄輪リニアモーター駆動の都営12号線（大江戸線）が開通し【地図㉔】，それから12年後の2007年（平成19年）には副都心線が開通して現在に至ります．【地図㉕】これで打ち止めかと思ったらまだ延伸計画があるとのことです．

圧倒的な旅客利用の裏で貨物は…

各国の鉄道輸送量を見ます．旅客に関しては日本はダントツに多いのです．東京や大阪の大都市に集まってくる満員電車が主な要因と

なって，日本全体で1人あたり年間3,506kmも鉄道に乗っているという実績をつくり上げています．これはヨーロッパの実に2～3倍，車社会アメリカの18倍です．

ところが貨物輸送で見ると話は違います．日本は194億トンキロを運んで全体の貨物輸送のシェア5％なのに対して，アメリカは日本の143倍の2兆7,836億トンキロにものぼります．人口が日本の3倍もいないのにこの差を生んだのは国土の形が一因です．日本の各都市は船でほとんどアクセスでき，内航海運が40％ものシェアをもっています．アメリカの場合は東海岸から西海岸へ物を運ぶのに船だとパナマ運河を通らなくてはならず，ものすごい迂回になるため大陸横断鉄道を二段積みのコンテナで運ぶのが経済的なのです．

日本の鉄道の課題

日本の鉄道の課題は本当にいろいろあります．鉄道150年を迎えて老朽インフラの抜本的改修も必要ですし，激甚化する災害に対しても，道路はすぐ復旧しますが鉄道は何年も復旧しなくて諦めた頃に廃止する流れになってます．国が復旧費を出す形に少しずつなっていますが，基本的には鉄道会社が自分で何とかしろというのが基本です．高齢化時代を迎えてバリアフリーが求められ，特に地方の鉄道は非

常に難しい．新幹線の建設理由も，東海道を建設したときは輸送量逼迫への対処だったのが，高速化による町おこしとか地域振興へとだんだん変質してきています．

他にもありますが，民間経営であっても鉄道は公共交通機関です．運賃収入で賄えないとそれは赤字だと大騒ぎして廃止もやむを得ないんじゃないかという話になってしまう．独立採算でやっていくのはこれ以上はもう限界だと思います．

実際の生活にどのような交通が求められているかを考えないといけない．たとえば小学校は無償で授業料なしですが，小学校が赤字だという人はいませんよね．ルクセンブルクでは国内の鉄道・バスすべて無料ですし，ドイツでは鉱油税を使って鉄道の複線化だとか高速化にお金を出している．フランスは労働者一人あたりいくらと交通税を定めて公共交通の財源にしている．そのようにお金の流れを変えていかないと150年間積み重ねてきた鉄道を採算性だけで失ってしまうのは大変もったいないと思います．

希望はあると思います．どこにどれだけお金を使うかは国会議員や自治体の議員に左右されます．公共交通に理解のある人をわれわれが選ぶことが重要ではないでしょうか．鉄道の未来が明るくなることを願って話を終わります．

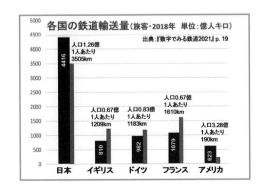

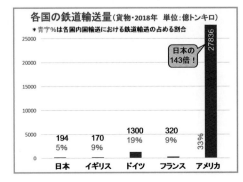

乗務員が語る蒸機時代 7

宇田賢吉／大山　正／川端新二（ビデオ出演）
（五十音順）

8月20日（日）15：30〜16：40／特設ステージ

シリーズ第7回は「高速運転」について．元糸崎機関区の宇田賢吉氏と元仙台機関区の大山　正氏，そして元名古屋機関区の川端新二氏に，蒸機に乗務していた頃のエピソードを交え，運転，投炭，特急・急行のロングラン運転における乗務の引き継ぎについて語っていただいた．シリンダーの蒸気供給量を調節する"カットオフ"など，蒸機ならではの運転操作だが，機関士によるクセなど現場に身を置いた方々ならではの話も聞くことができた．

大山　正氏　　　　　宇田賢吉氏

川端新二氏（ビデオ出演）

■ C53乗務と関西本線の思い出

乗務員が語る蒸機時代第7回は「蒸気機関車の高速運転」というテーマで行われた．

元名古屋機関区の川端新二氏は高齢のため開催直前に収録したインタビュー映像での登場となる．話は戦中に遡って…．

「私はC53・C59・C62，この三つの大型蒸気機関車に東海道本線で乗務した経験があります．この時は残念ながら缶焚きでした．思い返せば私の乗務員人生で幸運だったのはC53に乗務したことです．C53は昭和22年頃まで名古屋機関区に配置されておりました．この機関車の最大の特徴は3シリンダーであることです．日本で使用された蒸機は2シリンダーが大半ですが，このC53は左右のシリンダーの真ん中にもう一つ第3シリンダーがあります．この機関車は東海道・山陽本線だけで使用され，主に国府津〜下関間で97輌が活躍しておりました」

「私はC53の掃除もやっておりました．C53はセンターにもロッドがあって，主台枠の間に潜り込んで行うその掃除は悲惨でした．掃除をして，缶を焚いて浜松に行ったり関ヶ原を越えたりしていたのです．C53に接することができたのは私が最後の世代だと思います．C53というのは多くの本に悪口ばかり書かれていますね．

しかし，名古屋機関区はC53に対して高い誇りを持っていました．C53の元となったのはC52です．大正に入ってからの蒸機は国産でしたが，3シリンダー機のノウハウを学ぶためにアメリカから6輌輸入したのが8200形，後のC52でした．これは全機名古屋機関区に配置されました．C52はすべての機器の配置が体格のよいアメリカ人に合わせられていて，日本人には使いにくかったらしいですね」

「C53に乗って90km/h以上で東海道を走りますと，すれ違いの時など恐ろしかったですね．開放式キャブでしたから．機関士は側板があるので安心ですが，助士は振り落とされそうでした．戦争が終わった時，名古屋機関区にはC53は3輌しか配置がなく，もっぱら米原のC53に乗っていました．米原機関区のC53はまことに手入れが良く，大事にされていたのが分かりました．C53とC59は火格子面積がほぼ一緒ですね（C53 = 3.25，C59 = 3.27）．火床面積の広い機関車ですが，牽引する客車が9輌以下は片手スコップでやれと指導されました．9輌を超えると両手スコップを使用し

てよし．駅などでは指導機関士の目があるから片手スコップを使っていても，駅を離れると楽な両手スコップを使います．見つかるとすごく叱られました．C53はすごい音がすると言われますがそんなことはなく，通風がよく石炭はよく燃えるし．運転室の窓が大きいので夏は快適でした」

「機関士にも癖があって，とにかくこまめにリバー（逆転機）を扱う人と，リバーを20なら20，25なら25にロックしておいて，あとは加減弁で蒸気の供給を調節するというタイプの二通りがありました．機関助士の我々からするとリバーで調節してくれた方がいい．蒸気が節約でき石炭を焚くのも楽ですから．ただ，リバーを詰めるとピストン弁が焼け付くことがあるのです．ですから加減弁を操作するタイプの機関士が多かったですね．リバー操作の上手い機関士は尊敬していました．中にはピストン弁の行程をさらに詰めミッドギア近くまで引き上げる人もいました．そんな人は大したものだと思いました．蒸気が節約できるとわかっていてもなかなかり

大垣付近を関ヶ原越えに向け力走する，C53 2牽引の下り旅客列車

撮影：高田隆雄　所蔵：高田　寛

加太の大築堤を行く湊町行き急行「大和」. 亀山～奈良間は加太越えを始め勾配区間が多く, 亀山で名古屋機関区の乗務員から引き継いだ奈良機関区の乗務員は腕扱きのベテラン揃いだった.
1964.3.2　写真：佐竹保雄

バー操作での運転は焼け付きが怖くてできません. 機関士の後ろに立って, この人は気が小さいなぁと思ったりしたものでした. 私が機関士になってからはリバー操作をこまめにすることを心掛けました」

「機関士として高速列車の運転をしたのは関西本線の急行・快速で, C57で名古屋～亀山間を走っていました. 1日2往復, 東京と結ぶ列車が走っておりまして, 1本は『大和』これは東京～湊町で奈良経由, もう一本は東京と紀勢・参宮線方面を結ぶ『伊勢』です. 『大和』は15輛で東京から来て, 名古屋で6輛切り離し9輛で湊町に向かいます. 『伊勢』も同様に9輛で宇治山田方面に向かいます. 『大和』は亀山まで60kmの乗務で, そこで奈良の乗務員に引き継ぎます. 機関車はそのまま湊町まで通しで牽引します. 『伊勢』は亀山から紀勢線に入るため進行方向が変わりますから, 機関車はここまでです. 『伊勢』の場合はどんなにひどい扱いをしても亀山まで辿り着けばいいのですが, 『大和』はそうはいきません」

「私はまだ三十そこそこの新米でしたが, 『大和』を運転する奈良の機関士は超ベテラン揃いでした. 私など小僧扱いされました. 亀山からは加太越えの連続上り勾配があって, これがきついんです. 亀山は海抜60mでそこからずっと登っていくわ

大垣付近を行くC62牽引上り「つばめ」　写真所蔵：大山　正

けです. 加太トンネルの出口のサミットは海抜300m近くです. 乗り継ぎに際しては缶水が8割ほどなくてはならないので, 引き継ぎの前にどんどん注水すると, 温度の低い水がボイラーに入るものですから圧力が下がる. 缶圧を上げるため, 定時で発車できなくなるのです. 『コラお前らなにやっていたんだ』と叱られました. なにしろ亀山駅にとって『大和』『伊勢』は東海道本線の『つばめ』級の看板列車ですから. この発車を遅らせれば駅長の面目は丸潰れです」

「関西本線は単線で, 各駅に交換設備があって分岐器の通過速度は60km/h制限です. 駅手前で60km/hに落とし, 通過後にまた加速することの繰り返しです. それを十数回行わなくてはなりません. 『大和』を牽引していて調子の出ない時は四日市→亀山間は機関助士を機関士席に座らせて, 機関士の私が焚いたこともあります. 機関助士の経験は私の方が長いですから. 下り列車は厳しかったですね. 苦あれば楽あり, 上りは亀山を出て1kmほど焚き, 工夫次第では井田川の先, 加減弁をあまり開けないで四日市まで行くことも可能でした. 海抜60mの亀山からほとんど0mの四日市までですから, ほぼ下り勾配です. 機関助士も投炭しませんから, 逆に火があるか心配になるほどです」

「『工夫次第で』と言いましたが, その"工夫"とは次のような運転方法です. 先ほど関西本線各駅の速度制限は60km/hと申し上げましたが, ある職

東海道本線を驀進するC59　写真所蔵：大山　正

員が『井田川を通過して, 加速, 加佐登でまた減速…あほらしいなぁ』と言うのです. 『井田川を67km/hで通過してみろ, そしたら四日市まで加減弁開けなくていいぞ』と. よし, 私もやってみようと思って, 67km/hで通過してみました. 横揺れがすごく大変怖かったのですが, なるほど本当に四日市まで加減弁を開かないで行けました. 規定違反です. まあ, 今だから言えますが」

■ カットオフについて

「高速運転」ということで, カットオフと長距離列車の引き継ぎに焦点を当てての話となる.

まずは大山正氏の機関助士時代の話から.

「私が機関助士をしていたころは東北本線が仙台電化の頃で, 福島機関区の交流機が仙台以南を貨客とも牽引していました. 仙台機関区の蒸気機関車はC61が青森まで行っていまして, 青森区のC61も仙台に来ていました. 乗務区間は東北本線は仙台～一ノ関, 常磐線は仙台～原町です. 乗っていた機関車はC59, C60, C61, C62でした. 仙台機関区には大型旅客機関車がすべて揃っておりました. C61とC62には自動給炭機が付いていて機関助士は楽でした. しかしながら, 自動給炭機を見込んでダイヤを設定してあるので気は抜けませんでした」と大山氏が振り返る.

取っ手が二つ付いているのがリバー（逆転機）ハンドル．その上のレバーが加減弁

高速運転のキモになるのがリバー（逆転機）と加減弁の扱いである．蒸気をいかに効率よく使用するかがこの操作にかかっている．

宇田賢吉氏は言う．

「高い圧力で使って量を少なくするか，圧力を下げて蒸気の使用量を増やすかですが，機関助士にしてみればせっかく投炭して作った蒸気の使用量を増やすのは恨めしい話です．機関士にしてみれば高い圧力の蒸気を少なく使うのは極限の使い方をするわけで，あまりしたくないのが本音です．少し圧力を下げて蒸気の使用量を増やすのが運転上はスムーズなのです．その蒸気の使用量を調節することをカットオフ（締切）と言い，リバー（逆転機）を操作して調節します」

キャブ内の写真で大山氏が逆転リバーと加減弁ハンドル，シリンダーへ送られる蒸気圧力を示す気室圧力計，ボイラー圧力計の説明を，宇田氏が逆転ハンドルの操作方法をそれぞれ説明した．

「リバーの操作はさほど難しいものではなく，C62など動力逆転機を装備していましたが，さほどありがたいものではありませんでした」と宇田氏．

投炭の模様，焚口戸の写真を見ながら，

「スコップを焚口戸の中で回転させ，石炭を火床に叩きつけるように焚きます」

「機関助士は炎の色でいま何度かということを試

火室底部の火格子上で石炭を燃焼させる

焚口戸を開け，炎の色で温度を判別する

験されます」

投影された焚口の炎の色は1,000℃なのだそうだ．「900℃ぐらいだと桜紅色になります」と大山氏．

1,500℃が最高で，それまで小刻みに色で温度は判定できるのだそうだ．

「『はくつる』を牽引する機関車はC61で自動給炭機装備ですが，焚口戸を開け時々火床の様子を見なければなりません．しかし，1,400℃ぐらいで，焚口戸を開けると目が潰れるほどです．ですから，どのへんが厚いか薄いかなど火床の様子などはもう見えません．感覚で，どこが空気が抜けているかなどで，そのあたり目がけて石炭を補充するのです」と大山氏．

高速で走っている機関車の焚口戸を開けると通風がすさまじく，スコップなど吸い込まれそうになるほどだと言う．

「強い通風で吸い込まれると，焚口戸の周囲の気圧が下がって炎が外に出てくるのですが，これを逆巻きと呼びます．燃焼が激しくなるとこれが焚口全周にわたって白い炎が輪のようになって，美しい光景でした」と宇田氏．

■ ロングランと乗務引き継ぎ

機関車がロングランする場合には，100kmぐらい走ると乗務員の交代が行われる．

元糸崎機関区の宇田氏は語る．「蒸気機関車の引き継ぎは，電機やDLのようにはいきません．火床をきれいにして次に乗る乗務員に渡さねばならないのです．極端に言えば岡山を出てから糸崎まで，常に機関助士の頭の中は引き継ぎのことだけと言ってもいいでしょう．無理焚きしたら石炭が粘結しますし，足りなかったら燃え切れて，その上にくべると火床はよい状態になりません．きれいな火床で石炭の燃焼がよく，ボイラー圧力も高く，ボイラーの水位も8〜9分に保って次の乗務員に渡すのです」

機関助士時代の宇田賢吉氏（左）と下西捨己機関士 糸崎機関区 1961.5.14 写真：宇田賢吉

「下り列車を糸崎で引き継いだ広島の乗務員は八本松の峠を越えなくてはなりません．いい加減なカマで引き継いだら途中で難儀をします．だから，引き継ぎの際のカマの状態にはことのほか厳しいのです．カマの状態が悪いのが原因で発車が遅れたら，到着した乗務員の責任ということになっていました．一方，火床の状態に神経を配っていると，ボイラーの水位確保がおろそかになります．水位が下がっており大急ぎで給水すると，温度の低い水がボイラーの下の方に溜まります．これは引き継ぎの際にはなかなか分からない．そうして発車後攪拌されて，缶水全体の温度が下がって圧力が下がってしまうのです．そうなると，『あいつらのシワザだ！』というのがはっきりしているので，その後のトラブルの元にならないよう乗り継ぎには神経を使っていました」

一方，大山氏は東北本線での乗務を振り返る．

「一ノ関の急行の停車時間は5分で，特急は3分です．この間に引き継ぎを行います．上りの『はくつる』を引き継ぐ時には，盛岡区の乗務員が焚いてきた火床の状態，ヘソ（ボイラー溶け栓）が溶けていないかなど確認するのですが，3分ではそ

投炭の時に，スコップを焚口扉の中で回転させる「伏せショベル」の様子

下り「はくつる」仙台発車前. 仙台機関区の乗務員は一ノ関で盛岡の乗務員に引き継ぐ　　写真：柏木璋一

広島を発車したC62 36牽引上り「かもめ」. 行手には瀬野八越えの難所が待ち構える　　1961.4.24　写真：宇田賢吉

れが十分にできないので, 盛岡との紳士協定でそれらを省略してすぐに引き出せるように引き継ぎました. 一ノ関は発車してすぐに1000分の10で有壁のトンネルまで登って行きます. ですから到着後すぐにボイラーの圧上げにかかります. 加減リンクの注油などは通常は発機の乗務員が行うのですが, 盛岡の機関助士が注してくれます. 逆に下り『はくつる』の場合は, 仙台の乗務員が油を注します. この紳士協定で裏切られたことはありません. 盛岡は悔しいぐらいきれいに焚いて引き継いでくれましたね」

「急行の場合は規定どおり火床を確認し, 懐中電灯でヘソを照らし, そこから圧上げにかかります. 2分の差は大変大きなものでした. 上り『はくつる』の引き継ぎの3分は地獄でした. 一ノ関を出て半径1,200mのカーブに入るあたりで, 難なく越えられるかどうかが分かるのですが, うまく火床を作ってくれた盛岡さんに感謝したものです」

■ ある日の乗務手帳から

乗務手帳(日誌)の話に移る. 乗務手帳は各管理局ごとに様式が異なり, 川端氏, 宇田氏, 大山氏

それぞれの手帳の内容を披露した. 宇田氏の手帳の開いたページには「C62 41」「C59 77」「C62 34」という記載もあり, 年代を感じさせた.

「これは機関助士時代の手帳で, 昭和37年のものです. 8月8日は33仕業でC62 41に乗務. 231列車, 客車12輌, 455 t. 同乗する機関士の名前の記載もあります. 石炭使用量は1,350kg. 糸崎から広島に12輌編成の列車を牽いて1.35 tの石炭を消費したことが記載されています. 『機1粁』というのは機関車が1km走るのに消費した石炭で, この列車では14.91kg消費しています. 『車百粁』は牽引10 t当たり100km走るために消費した石炭の量で, この列車の場合は24.86kgでした. 鉛筆書きで『54770.1』とあるのは乗務キロです. 毎日ずっと積算してメモしてきました」

宇田氏は退職するまでの40年間で101万キkm乗務したという.

大山氏の手帳は昭和40年3月18日「はくつる」を牽引した日のページ. 通過する各駅を電略カナで書き込んである.

「普通, 機関助士はここまで細かく駅名を記載しませんが, 駅を手書きして頭に叩き込めと指導されました. 111列車 C60 3. これで仙台から一ノ関まで行き, 定時だったことを記入しています. 一ノ関からの帰りが4列車『はくつる』です. 機関車はC61 26. 1分遅れで盛岡さんが乗ってきて, 回復運転を行い仙台には定時で着いています. 石炭名『練68』は練炭の68%という効率のよいやつで, これを1 t半, それから北海道炭を1.7 t. これは7,200kcalのよい石炭です. 練炭は行きのC60 3で焚いて, 北海道炭は『はくつる』牽引のC61 26のものです」

乗務員はこのように乗務するたびに詳細に報告していたのである.

■ 電気機関車の思い出

今回のテーマが「電気機関車」ということで, 電気機関車にも乗務した川端新二氏の取材映像に移る.

「EF65P牽引の1列車『さくら』は静岡で東京の乗務員から引き継ぐ仕業でした. 安倍川橋梁まで力行で行って, 橋梁の中ほどで惰行に移って, 用宗を通過し日本坂トンネルに突っ込む. ここでノッチを入れるのですが, ノッチが入らないのです. トンネルの中ですし, これはえらいことになったなと焦りました. とにかく出口まで行ってくれと祈りました. 何回ノッチを入れ直してもダメ. 機関助士は機械室に入ってみたが分からない. だんだん速度は落ちてくるし, なんとかトンネルを出て焼津に止まりました」

「特急が止まったのですから駅長が飛んできまして, 私たちは機械室に入ったり, 運転室でノッチを入れたりしても, うんともすんとも言わない. 駅長にしてみれば1列車という看板列車が自分の駅で停まってしまったのだから大騒ぎです. 必死で対応する私たちの横で, 局や本社に報告するだの助役と二人でやいのやいの言います. そのうち一つの単位スイッチの接触が悪いことが分かりました. その応急処置をするのに4～5分かかったな, と思ったら16分も経っていました. その処置が功を奏してなんとか名古屋まで運転しました」

「翌日, 東京機関区の区長から電話がかかってきて, よく機転をきかせて応急処置をしてくれましたと, 大変感謝されました. 救援を呼んでいたらもっと大騒ぎになっていたでしょう. 東京機関区の検査の方までとばっちりが行きますね. でも, 私が所属する名古屋機関区ではあまり誉められなかったですが(笑)」　　　　　　　　　　(了)

宇田賢吉氏の乗務手帳 昭和37年8月8日

第7回 フォトコンテスト
電気機関車

第7回フォトコンテストのテーマは「電気機関車」で，国鉄・JR・私鉄・産業鉄道・海外など電機をテーマとした広いジャンルで作品を募集．346作品の応募があり，その中で大賞1名，優秀賞10名をはじめとする秀作105点を展示した．

 大賞 ／ 台風一過 東急東横線　多摩川鉄橋　1960-9-1

相澤靖浩　台風の接近で大雨となり多摩川が増水し岸辺に寄った魚とりに夢中，東横線にはデキが牽く貨物列車が現れた．

広い層に人気の高い電気機関車というテーマだけに，応募作品には力作が多く，選定にあたった審査員の間でも活発に意見が交わされた．特設ステージに隣接した展示スペースでは見応えある作品の数々に多くの人が見入っていた．

【選評】

　JAMのサイドパーティのひとつとしてスタートした鉄道写真コンテストも，今年はすべての制約から解き放たれ，参加点数も増えて佳境に入ってきました．テーマも今年は「電気機関車」とあって，多彩な作品に満たされました．ただ，期待した迫力や海外取材の作品は思ったより少なく，今後に望みを託しましょう．しかし，最優秀の「大賞」は思いもしない昭和30年代のモノクロ作品とな

りました．20世紀半ば過ぎ我が国が大きく飛躍し始めたころのいわゆる"古き良き時代"と呼びたい懐かしい風情に満ちた，記憶に残る美しい画面です．私鉄（東急）の小型凸型電機の働く姿が絶妙です．よい作品を見ることが出来て幸せでした．　　　　　　　　　（宮澤孝一）

●審査委員長
宮澤孝一（みやざわ・こういち）
昭和6年東京生まれ．昭和22年以降交通科学研究会，東京鉄道同好会，京都鉄道趣味同好会，関西鉄道同好会などに入会とともに鉄道写真の撮影を開始．早稲田大学在学時には鉄道研究会創設に参画．また，鉄道友の会創立とともに入会，会の発展に大きく貢献した．『鉄道写真ジュラ電からSL終焉まで』をはじめ執筆多数．鉄道友の会参与．

●審査委員
都築雅人（つづき・まさと）
昭和32年千葉・習志野生まれ．新聞社系ビジネス誌を中心に活躍するプロカメラマン．ライフワークとして国内外の蒸気機関車を追う．写真展「世界の蒸気機関車 煙情日記」など開催多数．著書に『世界の蒸気機関車』『今を駆ける蒸気機関車』『魅惑の鉄道橋』『国内蒸気機関車の魅力』など多数．日本写真家協会（JPS）会員．日本鉄道写真作家協会（JRPS）会員．

「台風一過」で大賞を受賞した相澤靖浩さん．乗工社の東急デキ3020形を手に表彰台に上がった．

●審査委員
名取紀之（なとり・のりゆき）
昭和32年東京生まれ．ネコ・パブリッシング元編集局長．1986年より26年間にわたり『レイル・マガジン』編集長を務めた．2017年よりOFFICE NATORIを主宰．2019年4月から機芸出版社『鉄道模型趣味』編集長．英国ナローゲージレイルウェイソサエティー会員．

■募集要項

【募集写真】電気機関車（国鉄・JR・私鉄・産業鉄道・海外）
【募集期間】2023年3月31日（金）～2023年7月15日（土）
【募集規定】1名5作品まで応募可能．応募作品は応募者が著作権を有している未発表作品．
応募はプリントのみ（カラー・モノクロともにA4サイズ相当）．
組写真および画像の合成・加工（作品の表現上重要となるような加筆や削除などの二次的画像加工処理を施したもの）は不可．ただし，明暗・彩度・コントラストの調整，トリミングは可．
【賞金】大賞：賞金10万円（1点）／入賞：賞金1万円（10点）

 入賞／夏の日差しを浴びて
上杉裕昭
三岐鉄道三岐線　丹生川－伊勢治田　2023-6-17
清らかな水の流れと共に撮り，涼感を出したかった．

 入賞／朝日の輝き
大谷眞一
東海道本線　真鶴-根府川　1979-5-1
光る海，高速でジョイント音を残し走り去った．

 入賞／乗務開始
車　啓司
隅田川駅　2020-10-1
今から EF66 126号機に乗り込んで乗務
を始める様子を撮影．

入賞／転車台に集う
木村 一博

上越線 水上 2008-12-14
小雪舞う水上，向きを変える EF55 が転車台に到着．

入賞／それぞれの時間
長津 徹

西武池袋線 武蔵藤沢 1976-1
読書の女性，会社員，そして待機中の電機．駅にそれぞれの時間
が流れる．一期一会．

入賞／パリ・リヨン駅の朝
阿部 勉

パリ・リヨン駅 1989-10
朝のリヨン駅，到着した「ゲンコツ機関車」の牽く長距離列車か
ら降りてきた初老のご夫婦が印象に残りました．

 入賞／奇跡の並び 東海道本線　清州　2019-3-23

市橋初雄　並走してやって来た貨物列車の間を反対方向の回送機関車が行く奇跡の三並びに遭遇した.

**入賞／
早暁の疾走**

永野晴樹

東北本線　東那須野
1974-11

日の出前に走るため,
1/15のシャッターを
切りました.

入賞／ローカル貨物列車

新井由夫

飯田線　高遠原ー七久保　1983-4-2
中央アルプスを仰ぎ春まだ浅い伊那路を往くED62.

入賞／盛夏

落合　宏

秩父鉄道　浦山ロー武州中川　1976-7-31
少年時代さよなら運転のデキ7が電車を牽引した魅力を.

【総評】

　見事に満場一致の大賞作品をはじめ, ひと昔前の作品が目立ったのは, 電気機関車の姿自体が私たちの日常から消えつつあるからでしょうか. 永野晴樹さんのEF56+EF57重連はブローニー判での流し. 画面に現れた重連への緊張感が伝わるひとコマです. 対照的に長津　徹さんのホームでの寸描は, 日常空間に普通に電気機関車がいた緩い時間を見事に写し取っています. 車　啓司さんのEF66は乗務交代のシーンです. 機関車のボリュームが望遠レンズの立ち上がり効果によってさらに誇張され, 量感のある画面となっています. 定期旅客列車牽引が消滅した今, 機関車乗務員の乗り継ぎを見られる機会もほとんどなくなってしまい, 残された貨物機のこういった光景が電気機関車への憧憬をより強いものにしてくれています. EF55の最終日, 水上の転車台はなごり雪に包まれました. 木村一博さんはその姿をファンの放列をバックに真正面から捉えています. 惜別の情が滲み出た一枚です.　　　　　（名取紀之）

審査風景　2023.7.28

日本の電気機関車
（新型編）

1958年に新製されたED60形から始まる国鉄の直流「新性能電気機関車」は勢力を拡大し,1980年代半ばのEF58・EF15の引退によって,旧型電気機関車は終焉を迎える.輸送の主力として華々しく列車の先頭に立つ直流新性能電機,交流機,交直流機の代表的な名場面を,JR時代の電機とともに展示した.

写真・解説：**亀井　明**

EF65 542 ブルトレブームの火付け役であり,少年ファン垂涎の的 EF65 500番代.これほどヘッドマークの似合う電気機関車はない.
8列車「富士」　東海道本線　平塚　1978.8.8

EF66 48 ブルトレ第二群の先頭を切る「あさかぜ」.特急貨物用機とは思えぬスタイルに伝統のヘッドマークが映える.好みの角度を探して何度も通った思い出の地.
10列車「あさかぜ4号」　東海道本線　平塚－茅ヶ崎　1991.1.30

ED78 3＋EF71 夏至の時期を狙い何シーズンもチャレンジした「あけぼの」in 板谷峠.
遠方から轟く重連の甲高いモーター音が懐かしい.
1006列車「あけぼの6号」 奥羽本線 赤岩－庭坂 1989.6.13

EF81 133 「鳥海」と言えば,秋田までの夜行急行をイメージするが,実は昼行特急にもブルートレインにも変貌を遂げた列車だった. このブルトレ「鳥海」は,1990年から始まった山形新幹線延伸工事により誕生した列車であり,およそ6年半の短命で消えていった.
2022列車「鳥海」 奥羽本線 川部－無牛子 1994.8.14

EF65 1116
正月明けの函南.日の出とともに射した光が,夜を徹して疾走して来た「あさかぜ」を待ち受ける.関ケ原の降雪をものともせず定時で上京したEF65PF.力強いシーンだ.
10列車「あさかぜ4号」 東海道本線 三島－函南 1981.1.6

EF60 19
1980年代は全国にジョイフルトレインが誕生した華やいだ時代だった.今まで誰にも見向きもされなかったロクマルの19号機.突如専用機に抜擢され鉄道ファンの度肝を抜いた.その姿をお披露目したのはJR初日だった.
9632列車〈やすらぎ〉 両毛線 駒形－伊勢崎 1987.4.1

ED500-901
量産されることなく消えていったED500.死重を満載したコンテナを牽引して試作901号機によるテストが繰り返された.この時の性能評価は,後継の電気機関車に引き継がれているはずだ.
試9080列車 東海道本線 平塚－茅ヶ崎 1993.2.24

ED71 11+ ED71

一次型 ED71 11号機が二次型と足並みを揃えて貝田の坂を重連で上る. 福島・宮城県境のこの越河峠は20～25‰の上り勾配が5kmほど続く難所である.
5151列車　東北本線　藤田－貝田　1982.3.17

EF64 1029

雪化粧したEF64 1000は, 冬の風物詩. 普段は地味に徹する"ロクヨンセン"も, ヘッドマークを掲げブルトレの先頭に立つシーンは, いつになく光り輝く.
2022列車「鳥海」　高崎線　新町－神保原　1992.12.25

ED77 15

猪苗代, 裏磐梯そして会津若松と豊富な観光地や温泉に恵まれた磐越西線. 当時は団臨が毎週のように入線しファンの注目を浴びていた. この路線のために生まれたED77は, B-2-Bの軸配置. 赤べこナナゴとは違った魅力があった.
1515列車　磐越西線　川桁－猪苗代　1986.11.2

ED75 95+ED75+ED75

短期間だったが東北本線にED75による定期三重連貨物列車が設定されていた. 黒磯－白河の短区間で回送とはいえ, やはり同一形式三重連は魅力的だった.
1151列車　東北本線　豊原－白坂　1983.5.8

EF63 23＋EF63＋EF62

EF63撮影時には，まず山にこだまするロクサンの甲高いブロア音で
接近を知る．まるで蒸機列車撮影時のようで，音の高鳴りとともに姿
を現したロクサンの大きな面構えには圧倒されたものだ．この日は雪景色の中を足元を確かめるがごとく下って行った．
回8304列車　信越本線　軽井沢－横川　1992.2.1

EF510-508

3往復体制で始
まった「北斗星」
も，2008年以降は1往復のみとなり，牽引機に最
新鋭機のEF510-500番代が投入された．ブルーを
身に纏った専用塗色で新たなスター誕生と血が騒
いだもの．
2列車「北斗星」　東北本線　高久－黒磯　2012.11.10

EF200-17

貸切貨物列車ブロックトレイン．その嚆矢は
「トヨタロンパスエクスプレス」だった．所定
ではEF210牽引だが，この日はEF200に牽かれて東海道を下る．長い長
い"トヨロン"でさえ，史上最強機EF200にとっては役不足である．
2053列車　東海道本線　金谷－菊川　2017.3.22

オールカラーで20形式40枚のパネルを展示した

EF58全機の肖像

広田尚敬「動止フォトグラフ」より

EF58 172輛とEF18 3輛,計175輛全機を撮影した成田冬紀さんの番号順名場面集と,写真家・広田尚敬さんの伝説の写真集『動止フォトグラフ』より,EF58 61のお召列車を展示した.全機展開した写真はできるだけ形態の崩れていない時代のものを選び,すべてパンタグラフを上げた状態で構成している.広田尚敬さんの作品は左右1m80cmの躍動感あるプリントで,今なお人気の高い形式だけに,多くのファンの注目を集めた.

EF58 I〔浜〕
東海道本線 近江長岡～柏原　1982.3.16
荷2032レ

172輛のEF58の栄えあるトップナンバー機.一方で昭和40年代後半に早くから前面窓がHゴム化され,標識灯も外ばめ式となるなど原形を損なっていたため,存在感が少々薄かった.

EF58 2I〔竜〕
阪和貨物線　竜華操　1976.2.7
貨375レ

本機は1946(昭和21)年10月川車・川重製造のEF58の製造第一号機.広島区から竜華区へ転属した翌年1976(昭和51)年には休車となり,28号機とともに1978年3月に廃車第一号機となった.

EF58 I75〔高二〕
東北本線(高崎線)　上野～尾久　1963.10
高崎線下り普通列車

1958(昭和33)年7月～8月製造の最終増備車3輛(173～175)のうちの1輛で,7月に三菱・新三菱製造の本機がラストナンバーとなった.同社製増備車は前面窓と機械室中央窓がパテ式支持だった.

一輛一輛の特徴が書かれており,個性をじっくりと鑑賞できた

欧州の電気機関車

初めて欧州の地を踏んだのは1989年6月. スイス出張の際にレマン湖畔を歩いていると轟音と共に重連の旧型電気機関車が牽引する貨物列車が通過しました. それまで海外の鉄道に一切興味を持たなかった自分が, 欧州の鉄道に目覚めた瞬間です. スマホもインターネットもない時代, 地図と時刻表と各国の鉄道雑誌から情報を集め, 魅力的な機関車と風景の出会いに熱中しました. 以来三十数年, 個性的な機関車達を一番見応えのあるアングルで撮影するべく今も欧州通いが続いています.

（展示挨拶文より）

写真・解説：三上泰彦

12か国, 61形式の電気機関車のパネル64点を展示した.

フランス　SNCF CC7100形

パリ・リヨン駅のシンボルである大時計を背に並んだ3世代の電気機関車. スキーシーズンの開幕に合わせて金曜日の晩には多数の臨時列車が設定され, 当時すでに貨物専用だったCC7100にも客車列車の先頭に立つ機会が与えられた.　1994/2　Paris gare de Lyon

フランス　SNCF CC40100形

パリに出入りする優等列車の中でもとりわけ国際色豊かだったのがEC41列車. CC40100の後にTEN, Mitropa, ソ連, ポーランド, ドイツの客車が続く. 六つの鉄道会社の車輌で一本の列車を組成した例が他にあっただろうか.　1991/4　Viaduc de Commelles

フランス　SNCF CC6500形

南仏の強烈な陽射しをイメージした塗装をまとったグランコンフォール客車に併せてCC6500は鮮やかな塗装で1969年に登場した. 最盛期には欧州では珍しく列車名を冠した大形ヘッドマークを装着していたが, TGVの進展に伴い次第に優等列車の運用が減り, 峠の補機運用を最後に2007年に引退した. この写真を撮影した時点ではまだ往年の片鱗が垣間見えるが, 客車は2等格下げした車輌が増え, 後部にビジネス客用に更新されたEurafair客車が連結されている.　　　　1994/6　Chamarande

スペイン
RENFE 251形

三菱電機が設計, 現地生産された251形は国鉄のEF66をルーツに持つ. 直流3,000V, 台車はイベリアゲージ（軌間1,668mm）対応であり, 車体の大きさ・出力ともにEF66を一回り上回る. 写真の4号機のみEF66風のオリジナル塗装で活躍中.　　　　2018/1　Villamanín

イタリア
FS E.464形

地中海の絶景とのマッチングが素晴らしいイタリア国鉄のE.464形. 1999年から700輌以上が生産されイタリア国鉄の機関車としては最大の輌数を誇る. 片運転台のため, プッシュプル対応の客車と編成を組んで運用されている.
2016/9　Cervo

スイス　SBB Re4/4ᴵᴵ形

世界屈指の豪華列車，VSOEがゴッタルト旧線に挑む．17輌もの重量客車の先頭に立つ11132号機は更新改造されてはいるが，菱形のパンタグラフを装着した貴重な機関車．山奥に突如現れた撮影者に向かって乗務員が手を振っているのがご愛嬌．2015/6　Gurtnellen

スイス　SBB Ce6/8形 1425号機＋Be4/6形 12320号機＋Be4/7形 12504号機

スイスで最も著名な機関車といえばクロコダイルことCe6/8であろう．製造から100年を経過した現在でも3輌が動態保存されており，2019年には生誕100年を記念して三重連の記念列車がゴッタルト峠を往復している．写真はErstfeld機関区の守護神がBe4/6とBe4/7を従えた旧型電気三重連の特別列車．ダブルルーフの郵便車に続く客車も時代考証が統一されていて実に見事な編成だ．1997/9　Lavorgo

スイス
RhB Ge6/6ᴵ形415号機

ゴッタルト峠越え用に開発されたCe6/8の技術をベースに，メーターゲージのRhBアルブラ線用に1921～1929年にかけて15輌が製造された．13mあまりの小柄な車体に大きく飛び出したパンタグラフ，足元で忙しなく回るロッドとファンに愛される要素が凝縮された機関車．通称アルブラクロコダイル，ないしレーティッシュクロコダイル．1990年代まで定期運用に使われ，現在も2輌の動態保存機が頻繁に臨時列車を牽引している．2021/10　Davos Platz

スイス
FO(現 MGB)He4/4 II 形

氷河急行を牽引して, アプト式のラック
レールに歯車を噛ませながら110/1000
の急勾配を登る. ラックレール区間の最
高速度は下り23km/h, 上り35km/hに制
限されるが, 粘着運転では90km/hまで
出せる.　　　　　2011/7 Nätschen

オーストリア　ÖBB 1144形+1293形

200輌余りの新車を積載してゼンメリング峠に挑む専用貨物列車. 日本では絶えて久しい乗用車の鉄道輸送だが, 欧州では頻繁に見ることができる. 欧州域内への配送に加えて,
国外輸出向けに北海や地中海, アドリア海の港に向かう列車が設定されている. 巨大なÖBBロゴを纏った次位の機関車は21世紀の汎用機関車1293形, 通称ベクトロン.

2023/1　Semmering

オーストリア
ÖBB 1020形

第二次戦争中にドイツで197輛製造された
E94形のうち44輛が戦後オーストリアに残
り1020形と命名された. 1967年以降に更新
改造が行われ, 正面2枚窓の真紅の車体で区
別することができる. 軸配置はC−C, 前後の
ボンネットが動く連節車体構造になっている
のでオーストリアのクロコダイルとも呼ばれ
る.　　　　　　　　　1991/3　Innsbruck

ドイツ　DB 103形

1970年代から西ドイツを代表する旅客用機関車. 展望客車を連結した名列車「ラインゴルト」を筆頭に西独国内の高速列車網を形成する立役者であった. 現役での活躍は
2018年まで続き, 現在も動態保存機が多数存在する.
　　2014/6　Oberwesel

スロベニアSŽ 363形

アドリア海に面したコペル港は, 外界に面していない中欧諸国にとって物流の要所となっている. 港の背後に横たわるカルスト台地を乗り越えるために, 鉄道は26/1000の連続勾配とオメガカーブが続く. フランスのCC6500をベースにしたDC3,000Vの機関車が1975〜77年にかけて39輌輸出され, 現在も活躍中. 石油や資材を積載した重量貨物列車は補機の助けが必要で, この写真にもタウルスの後補機が見える. 輸送量の増加に伴い, 勾配を緩和した新線の建設が進行中.

2019/7　Črnotiče

スロバキア ŽSSK 131形

1980〜82年に50組100輌製造された重量貨物牽引用の機関車. 片運転台のため通常は2輌連結運用される. 2輌合わせた全長は34m, 重量170トン, 定格出力5,000kWと日本のEH200を上回る. スロバキア東部の山岳区間を中心に全機運用中.　2019/5　Podtureň

チェコ
ČD1216形 Railjet

オーストリア国鉄のRailjetとは正反対の明るいブルーの塗装を纏ったチェコ国鉄のRailjet. 食堂車では美味しいチェコビールを堪能できるのが魅力的だが, 7編成しか存在しないのが残念だ. Breitenstein駅から1時間余り登攀した稜線から撮影している.

2019/5　Krausel Klause Viadukt

HM07	RFC (Railway Fan Club)
DM03	ＩＨＴモジュール倶楽部
FM09	会津ヨシ！
FM11	アキバ４線軌条
HM01	あつまれ！模型鉄道ものがたり
FM05	岩倉高等学校 鉄道模型部
EM02	岩崎学園情報科学専門学校
EM12	インターアーバン・ワールド
BM02	うみ電☆やま電
DM02	HNモジュール東京クラブ
BM03	HOスケールを楽しもう（HOJC）
EM13	Ｓ＆ＢＲ
FM17	NPO ナナツホシ
EM09	M8（エムハチ）
AM05	追兎電鉄株式会社
AM07	奥利根鉄道倶楽部
EM05	紙鐵 九粍會
FM12	関西学院大学 鉄道研究会 模型班 OB
HM04	関東学院むつうら中学校・高等学校 鉄道研究部
FM07	還暦祝いはBigBoy FWH鉄道
FM06	木こり鉄道 やまなみライン
EM08	キハ模型部
FM15	ギミック２０２３
AM02	狭軌の美学
EM07	K-SOL かわてつソリューションサービス
EM04	激団サンぽーる
HM10	五吋小鉄道之会
AM04	50周年！ケ-100が帰ってきた
FM08	相模原鉄道模型クラブ
AM01	J国際鉄道クラブ
DM14	J-TRAK Society（ジェイトラック ソサエティ）
CM02	しなのマイクロ真鍮キットの鉄道模型
BM01	凌宮鉄道
DM05	芝浦工業大学附属中学高等学校 鉄道研究部
FM16	渋谷区立代々木中学校 鉄道研究部
DM10	自由環状線（北急・鈴鉄）
CM01	13ミリゲージャーの集い
FM03	自由奔放線
FM02	上州モントレーライン
DM04	新幹線走らせ隊
HM02	ステのアトリエ
FM04	西武文理大学
DM13	卓上電鉄
EM11	多摩あかつき鉄道
DM06	多摩温泉電鉄
CM03	チームおやびん
HM03	中古で楽しむ16番模型
EM03	TSUKURIBITO
HM08	Tsudanuma Indoor Railway
AM08	TT9クラブ
FM10	鉄ちゃん倶楽部
DM12	東京運転クラブ
FM14	Narrow Gauge Junction
DM01	North American Model Railroad Club (NAMRAC)
EM06	pagos
DM09	Panda NEKO No.1・mr0123ma・た625 共同チーム
HM09	hitrack
DM11	Formosa Rail Club(台湾鉄道)
DM08	Gezellig Spoor ―心地よい鉄路―
FM13	ポッポ屋
FM01	MOMO鉄道模型クラブ
EM14	結伝杜
AM03	横須賀鉄道模型同好会
EM10	ランドスケープPJ ～現実風景をジオラマに～
HM06	ROOM237
DM07	零番三線式の会
HM05	lococoro
AM06	ワコウテーブルランド鉄道模型クラブ（WMC）
EM01	「わたくし流手づくり」ぷちテック＆VISTA工房＆藤田ラボ

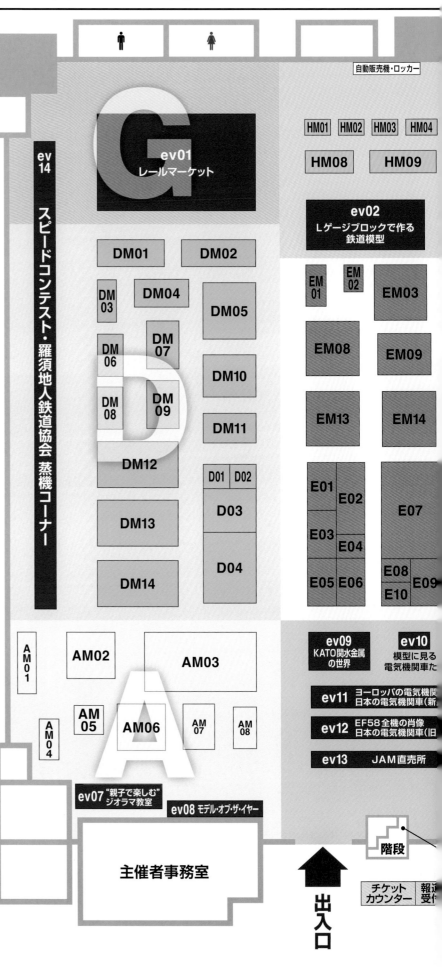

第22回国際鉄道模型二

※団体名・企業名は五十音順となっています。

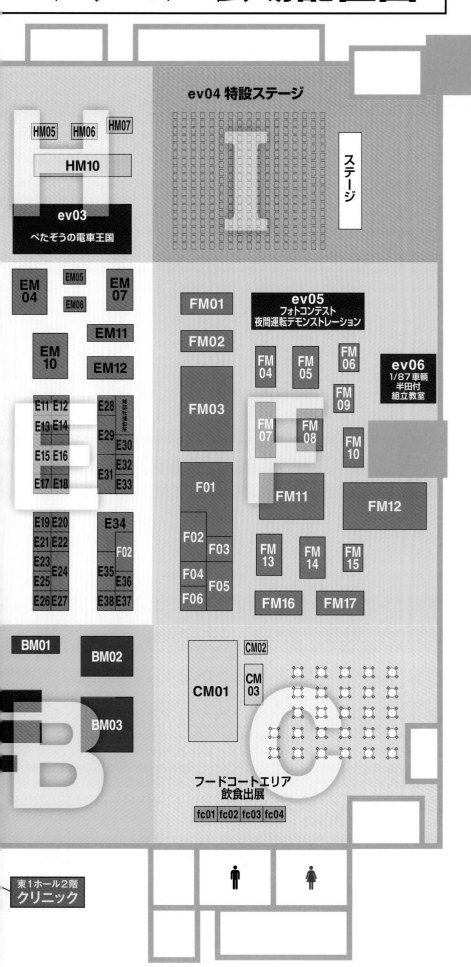

ベンション 会場配置図

第22回 国際鉄道模型コンベンション2023

開催日：2023年8月18日（金）・19日（土）・20日（日）
会　場：東京国際展示場（東京ビッグサイト）東1ホール
主　催：国際鉄道模型コンベンション実行委員会
協　賛：特定非営利活動法人　日本鉄道模型の会

上記協賛支援企業　KATO　GREEN MAX　とれいん　ホビーデッタ　TMS　IMON

上記協賛企業／（有）ラディッシュ，（有）よろず表現屋，（有）クラフトサカモト企画

■国際鉄道模型コンベンション実行委員

実行委員長
池﨑 清
（株）井門コーポレーション
副社長

小室 英一
（株）井門コーポレーション
製造部

府川 雄一
（株）井門コーポレーション
営業部

山下 修司
（株）井門エンタープライズ
営業部

髙場 由佳
（株）井門コーポレーション
社団法人運営室

福田 涼夏
（株）井門エンタープライズ
営業部

小山 和也
（株）井門エンタープライズ
情報システム部

山森 幹康
モデルス井門 渋谷店

今元 芳幸
モデルス井門 新宿店

井門 竜之助
モデルス井門 渋谷店

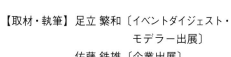

【取材・執筆】足立 繁和〔イベントダイジェスト・
　　　　　　　　　　モデラー出展〕
　　　　　　佐藤 鉄雄〔企業出展〕
　　　　　　奥 陽平　〔企業出展〕
　　　　　　岩本 大介〔企業出展〕
　　　　　　髙松 弘道〔モデラー出展〕
　　　　　　松尾 よしたか〔クリニック・撮影〕
　　　　　　宮下 洋一〔鉄道模型競技会〕

【撮　　影】浅水 浩二／金盛 正樹
　　　　　　佐々木 龍／瀧口 宜慎
　　　　　　松本 正敏／山中 洋
【デザイン】太田 安幸／なんこう
【取材協力】『RM MODELS』編集部
【協　　力】『鉄道模型趣味』編集部

第22回 JAM 国際鉄道模型コンベンション公式記録集

発行日：2024年1月1日

発　行：国際鉄道模型コンベンション実行委員会
　　　　〒140-0011　東京都品川区東大井 5-15-3（株式会社井門コーポレーション内）
　　　　U R L：https://kokusaitetsudoumokei-convention.jp
　　　　T E L：03-3450-3499（直通）
　　　　F A X：03-3450-2516
　　　　e-mail：info@kokusaitetsudoumokei-convention.jp
発行人：池﨑 清
発　売：株式会社 機芸出版社
　　　　〒157-0072　東京都世田谷区祖師谷 1-15-11
　　　　TEL 03-3482-6016
編　集：月刊『とれいん』編集部
印刷所：昭栄印刷株式会社